U0616798

特长公路隧道施工
通风技术创新与实践

康海波　罗春雨　张睿　范仁玉　李文权◎编著

西南交通大学出版社
·成都·

图书在版编目（CIP）数据

特长公路隧道施工通风技术创新与实践 / 康海波等编著. —成都：西南交通大学出版社，2023.4
ISBN 978-7-5643-9199-7

Ⅰ.①特… Ⅱ.①康… Ⅲ.①公路隧道－特长隧道－隧道施工－研究 Ⅳ.①U459.9

中国国家版本馆 CIP 数据核字（2023）第 043156 号

Techang Gonglu Suidao Shigong Tongfeng Jishu Chuangxin yu Shijian
特长公路隧道施工通风技术创新与实践

康海波　罗春雨　张　睿　范仁玉　李文权　**编著**

责任编辑	韩洪黎
封面设计	曹天擎

出版发行	西南交通大学出版社
	（四川省成都市金牛区二环路北一段 111 号
	西南交通大学创新大厦 21 楼）
邮政编码	610031
发行部电话	028-87600564　028-87600533
网址	http://www.xnjdcbs.com
印刷	四川煤田地质制图印务有限责任公司

成品尺寸	185 mm×240 mm
印张	11
字数	193 千
版次	2023 年 4 月第 1 版
印次	2023 年 4 月第 1 次
定价	68.00 元
书号	ISBN 978-7-5643-9199-7

序

　　进入21世纪以来，我国高速公路建设进入快速发展时期，特别是随着"交通强国"战略的提出，我国高速公路建设由此进入发展"快车道"和高质量建设攻坚"深水区"，一系列"长、大、深、难、高"的特长复杂隧道相继涌现，我国已然成为世界上公路隧道建设规模最大、数量最多、地质条件和结构形式最复杂的国家，随之带来的隧道相关工程问题愈加突出，施工方式也存在多样化的趋势，对隧道施工通风技术与管理要求也越来越高。科学合理的通风方式选择不仅可为隧道施工区域提供新鲜、充足的空气，快速高效排出洞内有毒有害气体和粉尘，控制适宜的洞内作业和生产温度，为洞内一线人员提供安全舒适的施工环境，有效保证隧道施工的高效进行，同时还很大程度上影响着隧道施工工期和建设成本，是隧道从业者需要重点管控的重要环节。

　　作者有幸从事隧道一线施工管理近二十年，亲自组织了多条高瓦斯、瓦斯突出、大断面岩溶富水、高地热、超特长隧道的建设，深感隧道通风技术与现场通风管理对隧道安全高效施工的重要性，结合华蓥山隧道、米仓山隧道、宝鼎2号隧道的通风经验和教训，针对特长隧道施工期通风"难点"问题进行了积极探索与创新，最终凝练并总结形成本书，期望对特长公路隧道施工通风技术的创新和管理工作有所帮助。

康海波

2023年春于成都

前　言

在隧道施工过程中，爆破、机械设备运转及开挖地层等均会对洞内空气造成污染，加之隧道封闭环境的特殊性，污染的空气难以自然排除，不仅会对隧道作业造成影响，甚至会威胁人员健康。为改善施工现场工作环境，应当采取积极的通风措施，即进行施工通风。施工通风是隧道内外空气交换的唯一手段，是隧道施工人员及作业机械的"生命线"，是隧道建设不可或缺的关键技术。特别是对于有瓦斯、高温、有毒气体等高危风险的隧道，必须要采取合理的通风方式保证足够的通风量，降低洞内有毒有害气体以及粉尘的浓度，避免瓦斯爆炸、高温、毒害等灾害的发生。机械通风是利用通风机所产生风压稀释、排除洞内有毒有害气体的一种通风方式，根据风机布设位置与风管类型的不同，机械通风又分为风管式通风和巷道式通风，都是目前隧道工程中最常用的通风方式。机械通风能为洞内施工区域提供新鲜空气、排除有毒有害气体及各种粉尘，从而创造良好的工作环境，保障施工人员的健康与安全。因此，在隧道施工作业中必须重视通风，施工通风效果的优劣，直接关系到作业人员的健康、施工效率与安全，影响工程进度和建设成本。随着超长隧道的大量出现，隧道施工通风的技术难度越来越大，这主要体现在三方面：首先，在瓦斯、硫化氢等有毒有害气体地层条件下，隧道施工的需风量变得更大；其次，掌子面独头掘进里程越来越大，送风的距离和压力变得越来越大；再次，当隧道有斜井、竖井、横洞等辅助通道时，受多方面影响，通风网络变得更加复杂。

在此背景下，作者对南大梁高速公路华蓥山隧道、桃巴高速米仓山隧道、攀大高速宝鼎2号隧道等工程建设中的施工通风技术进行总结，同时结合数值模拟、现场测试等方法，对特长公路隧道的施工通风技术开展创新研究与实践，提出合理的隧道通风方案，有助于为相似隧道的安全高效施工提供技术保障，同时对降低事故危害程度，保障隧道内人员安全具有重要的指导意义。

本书主要内容共6章，第1章概括性地介绍了隧道施工通风的必要性和隧道内环境标准，总结了公路隧道施工通风方式，并概括分析了国内外相关的工程实例；第2章介绍了公路隧道施工通风的相关计算方法；第3章分别基于华蓥山隧道、米仓山隧道和攀大路宝鼎2号隧道，较为详细地介绍了特长公路隧道施工通风的具体方案；第4章和第5章利用数值分析的方法，分别论述了风管压入式通风和射流巷道式通风的实施效果；第6章介绍了隧道施工通风的管理与粉尘控制技术。

感谢西南交通大学方勇教授课题组的协助，感谢西南交通大学何毅副教授及赵子成、彭佩、曾昌等硕士研究生在数值计算、现场测试等方面提供的支持。由于作者水平有限，书中难免存在不足之处，敬请读者批评指正。

作　者

2023年3月

目 录

◆ 第1章　隧道施工通风概述

1.1　隧道施工通风的必要性

在现代隧道施工过程中，作业环境往往关系到工程质量、安全、效率和作业人员的身心健康。隧道施工通风可为洞内的施工机械、人员等提供新鲜空气，同时稀释和排除各种有毒有害气体及粉尘，从而创造良好的劳动环境，改善施工条件，保障施工作业人员的健康与安全。隧道施工通风被誉为施工人员及作业机械的"生命线"，是隧道内外空气交换的唯一手段，尤其是对于有瓦斯、硫化氢等有毒有害气体溢出，或者高地温等特殊危险的隧道，必须采取合理的通风方式来保证足够的通风量，从而降低洞内有毒有害气体以及粉尘的浓度，避免瓦斯爆炸、高温热害、毒害等灾难的发生。几乎所有的隧道在施工时都需要进行通风，无论是采用钻爆法还是掘进机法施工的隧道都是如此。对于采用钻爆法施工和无轨运输方式的隧道，爆破产生的硝烟和工程机械排出的废气需要大量的新鲜空气进行稀释，施工通风变得尤为重要。总的看来，隧道施工通风主要以达到以下效果为目的。

1. 稀释和排除有毒有害气体

隧道内的有毒有害气体主要包括三个方面的来源：地层溢出、爆破硝烟和工程机械排出。

（1）地层溢出：主要包括瓦斯和硫化氢（H_2S）。

广义的瓦斯（Gas）是隧道内各种有害气体的总称，其主要成分是烷烃，其中甲烷（CH_4）占绝大多数，另有少量的乙烷、丙烷和丁烷，一般还含有硫化氢、氮和水蒸气，以及微量的惰性气体，如氦和氩等。狭义的瓦斯一般指的是甲烷（CH_4），是一种无色、无味的气体且难溶于水。瓦斯不助燃也不能维持呼吸，达到一定浓度时，能发生燃烧或爆炸，目前已有多个隧道瓦斯爆炸的工程案例，造成了大量人员伤亡和财产损失。另外，瓦斯浓度过大时，使氧气含量过低会导致人窒息死亡。

硫化氢（H_2S）通常为无色、易燃、剧毒气体，有刺激性的臭鸡蛋气味，溶于水称为氢硫酸，比空气重，能在较低处扩散到相当远的地方；硫化氢为易燃气体，当与空气混合的体积浓度为4.3%~46%时，遇明火会发生爆炸，燃点为60℃，能与浓硝酸、发烟硫酸或其他强氧化剂剧烈反应，发生爆炸。同时，它是强烈的神经毒素，对黏膜有强烈刺激作用。

瓦斯通常以游离和吸附两种状态存在于煤层及邻近地层中，当隧道穿越煤系地层时，施工过程中往往会有瓦斯溢出。一些地层中，硫化氢还与瓦斯伴生，比如邻垫高速公路华蓥山隧道、南大梁高速公路铜锣山隧道，都在施工和营运过程中检测到硫化氢溢出。若隧道勘测或施工检测表明隧道内有瓦斯存在，则该隧道应定义为瓦斯隧道，瓦斯隧道的施工通风与非瓦斯隧道有很大差别。

（2）爆破硝烟：在采用钻爆法施工的隧道中，炸药爆炸后会排出大量的硝烟，硝烟的成分极为复杂，主要包括一氧化碳（CO）、二氧化碳（CO_2）、氮氧化合物（NO_x）等，这些气体大多对人体有害，必须引入新鲜空气稀释并尽快将其排出洞外。

（3）工程机械：主要是指隧道洞内施工过程中采用的大功率柴油机械设备，包括开挖面作业的装载机、沿隧道行走的运渣车等，这些设备在使用过程中要排出大量的废气，主要成分包括一氧化碳（CO）、二氧化碳（CO_2）、氮氧化合物（NO_x）、二氧化硫（SO_2）等，隧道施工通风应将其全部稀释和排出，使得隧道内各主要作业地点的有毒有害气体浓度降低到允许水平以下。

2. 降低粉尘浓度

粉尘是指悬浮在空气中的固体微粒，国际标准化组织规定，粒径小于75 μm的固体悬浮物为粉尘，它是隧道空气污染的重要因素。粉尘来源主要包括凿岩、爆破、出渣、喷浆、内燃机尾气、车辆行走等，其中游离二氧化硅（SiO_2）对人体危害很大，施工人员如长期吸入粉尘，可能导致患上硅肺病。

3. 调节洞内气候

隧道洞内的气候主要是指空气的温度和湿度。

（1）温度：隧道施工洞内温度主要受地层温度、地下水和机械设备等因素影响，其中地层温度对洞内温度的影响最大，也最为直接。长大隧道的修建多在增温带地层进行,即随着埋深的增加,地层温度逐渐增高。而在地热异常带,地层实际温度还要远远高于理论预测值。地下水也会对洞内温度产生重要影响,尤其是当地层中有高温热泉、热水涌出时,往往会恶化作业环境。此外,洞内施工机械、电气设备等释放的热量也会引起洞内温度的增加。高地温给洞内作业带来十分不利的影响,不仅威胁人员健康、降低工作效率,还会增加事故发生率。施工通风则是控制洞内温度的主要手段之一,它可以将洞内的热量源源不断地带出洞外,从而降低洞内环境温度。

(2)湿度:指空气中所含水蒸气的多少或潮湿程度,有绝对湿度、相对湿度等表示方法。隧道作业环境的相对湿度在80%以上称为高气湿,低于30%称为低气湿。高湿度作业环境会威胁施工人员身体健康、降低作业效率。影响隧道内空气湿度的主要因素包括洞外空气湿度、洞内的涌水或渗水、施工作业用水等,尤其是当洞内涌水或渗水时,洞内往往比较潮湿,相对湿度可达80%~90%。

4. 保证新鲜空气的供给

隧道施工通风中新鲜空气是指成分与隧道外空气相同或相近的空气,其中含氧量是关键指标之一。为了保证洞内作业人员的工作环境,洞内空气应流通、新鲜,氧气含量不得少于20%。

综上所述,隧道施工通风可以稀释和排出洞内的有毒有害气体、降低粉尘含量、调节洞内气候,并为施工作业提供充足的新鲜风,施工通风效果的优劣,直接关系到作业人员的身体健康、施工效率与作业安全,进而影响工程进度。隧道建设过程中必须重视施工通风,应当采取积极有效的通风方案及措施来改善和保障隧道施工作业环境,这就要求我们对通风的基本理论、影响因素及行业卫生标准有相当的了解,并对现代隧道施工通风方式有充分的认识。

1.2 隧道内环境卫生标准

1.2.1 国内行业标准

1. 公路隧道

为保证安全生产及地下施工人员的身心健康,需要对地下施工作业环境的卫生标准做明确的规定。公路隧道施工目前执行的是交通运输部2009年9月发布的《公路隧道施工技术规范》（JTG/T 3660—2020），其中对隧道中空气的氧气含量、粉尘浓度、有害气体浓度、温度和噪声等都作了明确的规定，要求在隧道施工过程中作业环境应达到如下标准：

（1）隧道空气中，氧气含量按体积计不应小于20%；

（2）隧道内气温不宜大于28 ℃；

（3）噪声不应大于90 dB；

（4）粉尘浓度：每立方米空气中含有10%以上的游离二氧化硅的粉尘不得大于2 mg；

（5）有害气体浓度：一氧化碳一般情况下不大于30 mg/m^3，特殊情况下施工人员必须进入工作面时，可为100 mg/m^3，但时间不得超过30 min；二氧化碳按体积不得大于0.5%；氮氧化物（换算成NO_2）在5 mg/m^3以下。

瓦斯隧道装药爆破时，爆破地点20 m内，风流中瓦斯浓度必须小于1.0%；总回风道风流中瓦斯浓度小于0.75%；开挖面瓦斯浓度大于1.5%时，所有人员必须撤至安全地点。

2. 铁路隧道

铁路隧道施工目前执行的是《铁路隧道工程施工安全技术规程》（TB 10304—2020），其中对隧道中空气的氧气含量、粉尘浓度、有害气体浓度、温度和噪声都作了明确的规定，要求在隧道施工过程中作业环境应达到如下标准：

（1）空气中氧气含量的体积浓度不得小于20%；

（2）粉尘容许浓度，每立方米空气中含有10%以上的游离二氧化硅的粉尘不得大于2 mg；

（3）瓦斯隧道装药爆破时，爆破地点20 m内，风流中瓦斯浓度必须小于1.0%；总回风道风流中瓦斯浓度小于0.75%；开挖面瓦斯浓度大于1.5%时，所有人员必须撤至安全地点；

（4）有害气体最高容许浓度：一氧化碳一般情况下不大于30 mg/m^3，特殊情况下施工人员必须进入工作面时，可为100 mg/m^3，但时间不得超过30 min；二氧化碳按体积不得大于0.5%；氮氧化物（换算成NO_2）在5 mg/m^3以下；

（5）隧道内气温不得大于28 ℃；

（6）隧道内噪声不得大于90 dB。

3. 煤矿行业

现行《煤矿安全规程》规定的卫生标准为：

（1）采掘工作面的进风流中，氧气浓度不低于20%，二氧化碳浓度不超过0.5%；

（2）有害气体的浓度不得超过表1-1的规定；

表1-1 采煤矿井有害气体最高允许浓度

气体名称	一氧化碳	氧化氮（换算成NO_2）	二氧化硫	硫化氢	氨
最高允许浓度/%	0.0024	0.00025	0.0005	0.00066	0.004

（3）矿井总回风巷或者一翼回风巷中甲烷或者二氧化碳浓度超过0.75%时，必须立即查明原因，进行处理；

（4）井下充电室风流中以及局部积聚处的氢气浓度，不得超过0.5%。

4. 金属非金属矿山行业

现行《金属非金属矿山安全规程》（GB 16423—2020）由国家市场监督管理总局2006年6月发布，该规程规定的地下矿井的卫生标准为：

（1）井下采掘工作面进风流中的空气成分（按体积计算），氧气应不低于20%，二氧化碳应不高于0.5%；

（2）入风井巷和采掘工作面的风源含尘量应不超过0.5 mg/m³；

（3）井下作业地点的空气中，有害物质的接触限值应不超过现行国家职业卫生标准《工作场所有害因素职业接触限值》（GBZ 2）的规定；

（4）含铀、钍等放射性元素的矿山，井下空气中氡及其子气体的浓度应符合现行国家标准《放射卫生防护基本标准》（GB 4792）的规定。

5. 冶金地下矿山行业

现行《冶金地下矿山安全规程》规定的卫生标准为原冶金工业部、原中国有色金属工业总公司、原劳动部1990年4月颁发，并对井下卫生标准作了以下规定：

（1）井下采掘工作面进风流中的空气成分（按体积计算），氧气应不低于20%，二氧化碳应不高于0.5%；

（2）井下所有作业地点的空气含尘量不得超过2 mg/m³，入风井巷和采掘工作面的风源含尘量应不超过0.5 mg/m³；

（3）井下作业地点（无柴油设备的矿井），有毒有害气体的浓度不得超过表1-2的规定；

表1-2　冶金矿井有害气体最高允许浓度

气体名称	一氧化碳	氮化氮（换算成NO_2）	二氧化硫	硫化氢
最大允许浓度/（mg/m³）	30	5	15	10

（4）使用柴油机设备的矿井，井下作业地点有毒有害气体的浓度应符合以下规定：一氧化碳小于60 mg/m³，氧化氮小于10 mg/m³，甲醛小于6 mg/m³，丙烯醛小于0.6 mg/m³；

（5）采掘工作面的空气温度不得超过27 ℃，热水型矿井和高硫矿井的空气温度不得超过27.5 ℃。

1.2.2　国际卫生标准

各个国家均对作业场所有害气体的允许浓度建立了一定的标准，与隧道相关的有害气体主要包括一氧化碳（CO）、二氧化碳（CO_2）、一氧化氮（NO）、二氧化氮（NO_2）、二氧化硫（SO_2）、硫化氢（H_2S）和粉尘。表1-3、表1-4列出了与隧道施工作业环境有关的有害物质职业接触限值。

表1-3　各国隧道工作场所空气中化学物质容许浓度（一）　　　单位：ppm

名称	中国	美国	德国	日本
一氧化碳CO	PC-TWA[1]：16 PC-STEL[2]：24	PELs[4]：50	MAK[5]：26.4	OEL[6]：50
二氧化碳	PC-TWA：5000 PC-STEL：10000	PELs：5000	MAK：5000	OEL：5000

续表

名称	中国	美国	德国	日本
一氧化氮	PC-TWA：11.2	—	—	—
二氧化氮	PC-TWA：2.4 PC-STEL：4.8	MAC：5	MAK：4.4	—
硫化氢	MAC③：6.6	MAC：20	MAK：9.2	OEL：5
二氧化硫	PC-TWA：1.8 PC-STEL：3.6	PELs：5	MAK：1.8	—
粉尘	—	—	—	—

注：① PC-TWA：时间加权平均容许浓度；② PC-STEL：短时间接触容许浓度；③ MAC：最高容许浓度；④ PELs：8 h的容许接触限值；⑤ MAK：最高容许浓度；⑥ OEL：容许平均限值。

表1-4　各国隧道工作场所空气中化学物质容许浓度（二）　　　　单位：mg/m³

名称	中国	美国	德国	日本
一氧化碳CO	PC-TWA：20 PC-STEL：30	PELs：55	MAK：33	OEL：57
二氧化碳	PC-TWA：9000 PC-STEL：18000	PELs：9000	MAK：9000	OEL：9000
一氧化氮	PC-TWA：15	—	—	—
二氧化氮	PC-TWA：5 PC-STEL：10	MAC：9	MAK：9	—
硫化氢	MAC：10	MAC：30	MAK：14	OEL：7
二氧化硫	PC-TWA：5 PC-STEL：10	PELs：13	MAK：5	—
粉尘	1	—	—	—

1.3　公路隧道施工通风方式

1.3.1　公路隧道施工通风特点

我国是一个多山的国家，为了缩短公路里程，改善路线线形和交通运输条件，保护环境，节约土地，在山区公路建设中已越来越重视隧道方案。随着高速公路的发展，公路隧道建设也取得了显著成绩，根据交通部最近公布的统计数据，至2020年底我国已建成公路隧道21316处，总长2199.9万m，是世界公路隧道最多的国家之一。据统计，2020年我国公路特长隧道数量为1394处，比2019年增加219处，总长度达到623.6万m，比2019年增长19.5%。公路隧道建设的发展，必然会带动隧道施工通风技术的发展。对于公路隧道施工通风的研究，必须先对公路隧道施工通风的相关特点有一个清晰的认识。

1. 研究起步较晚

隧道通风问题的研究，最早出现于铁路隧道，自英国于1826年起在蒸汽机车牵引的铁路上开始修建长770 m的泰勒山单线隧道和长2474 m的维多利亚双线隧道以来，英、美、法等国相继修建了大量铁路隧道，并对铁路隧道施工通风技术进行了一定的研究和工程实践。后来由于公路隧道的出现，才开始针对公路隧道独特通风技术问题开展研究。

近半个世纪以来，随着公路隧道的发展以及工程实践，对公路隧道施工爆破的通风问题，国内外才有了比较详尽的实验和理论上的研究，其中以苏联科学家们所作的研究最为细致。例如，克生诺冯托娃和奥利沃夫斯基在实验平窿和现场中，对压入式、抽出式和混合式通风过程进行了实验研究，并得出了相应的风量计算经验公式。穆斯铁立通过染色体水力模型试验得到了压入式通风的风量计算公式。特别是技术科学博士沃洛宁所做的工作，他应用流体动力学的理论来解决通风过程的计算问题，使局部通风排出炮烟的过程第一次得到了理论上的解释和论证。我国学者吴中立教授在1959年以前从实验方面和理论方面研究了各种通风方式的炮烟排出过程，评价了前人的研究成果，并从理论上确定了各种通风方式的合理使用范围及相应的通风风量计算方法。

2. 开挖断面大

由于高速公路的通车需求，公路隧道的断面一般要满足两车道通车需求，一些隧道为三车道、四车道的大断面隧道，并且每隔一定距离还应设置加宽带，这就使得公路隧道的断面比铁路隧道断面要大，就会出现施工期间需风量增大、风机供风量增大、隧道阻力增大等问题，对施工期间的通风要求增加。

将煤矿巷道、输水隧道、铁路隧道和公路隧道的开挖断面进行比较，水工隧道与煤矿巷道的开挖断面较小，一般水工隧道断面面积约10 m^2，如杭州西区输水隧洞开挖洞径3.6 m，有效洞径2.9 m，煤矿提升立井断面面积约20 m^2。一般单线双向铁路隧道开挖断面面积约60 m^2，单洞双向铁路隧道开挖断面面积约140 m^2，如大瑶山一号隧道为单洞双向铁路隧道，开挖断面面积为150 m^2。而两车道的公路隧道，开挖断面面积在85 m^2左右，如在建的米仓山隧道正洞开挖断面面积为90 m^2，最大需风量为2700 m^3/min，各工区区段（包括斜井区段）需配置4台轴流风机，其中2台备用，各工区区段最多需要10台射流风机，其中3台备用；对于三车道公路隧道，隧道断面面积达170~200 m^2，局部高达230 m^2的超大断面；对于四车道的公路隧道，如日本的第二布引隧道，分叉段从两车道变为四车道，隧道断面面积由59 m^2增大到252 m^2。

因此，由于公路隧道开挖断面积普遍较大的因素，在目前公路隧道施工通风设计中，对轴流风机、射流风机以及风管等配套设施的需要，从质量、数量两方面都大大增加。

3. 多通道系统

长大公路隧道基于本身长距离、大断面施工的特点，对施工通风的要求较高，使得许多公路隧道采取了增加工作面、增设辅助坑道进行通风管理。并且，一般公路隧道均为双线隧道，左、右线之间由横通道连通；加上辅助通风和施工增设的横洞、斜井、竖井和平导，使长大公路隧道成为了一个多通道系统，因此，通风方式也呈现出了多样性。例如，横通道连接左、右线的隧道常采用射流巷道式通风方式，根据长度和通风决定是否设置斜井或者竖井，米仓山隧道出口段在掘进通过第一个横通道之后，即采用射流巷道式通风方式，在斜井、竖井贯通之后，采用斜井、竖井辅助通风。秦岭终南山特长公路隧道采用竖井辅助通风，隧道左、右线共用3座竖井，竖井主体采用中隔板将送、排风道分开；3座竖井分别将左、右两隧道分成4个通风段，最长段为4.9 km，最短段为3.9 km。在充分调研国内外资料，分析隧址区地质环境、隧道本身特点的基础上，泥巴山特长公路隧道采用了纵向式、三区段四斜井通风方案，并对斜井内风速进行了比选。现今的长大公路隧道建设技术已经日趋成熟，其多通道的特性使得隧道施工期间的通风方式的选择尤为重要，因此，因当结合实际情况确定隧道施工期间的通风方式。

4. 瓦斯地层通风难度大

穿越山岭地区的公路隧道常常会遇到煤层、溶洞等不良地质现象，使得公路隧道的建设难度增加。穿越煤层时，往往会有大量瓦斯和硫化氢涌出。长大公路隧道本来需风量就大，而对于有瓦斯或硫化氢等有害气体涌出的隧道，不仅威胁到工人作业安全，还将大大增加隧道的通风压力。华蓥山隧道下穿煤层，隧道内有瓦斯和硫化氢涌出，最大需风量为4680 m³/min，有瓦斯区段所需的通风量约是无瓦斯区段的2倍。进、出口工区各需配置6台压入式轴流风机，其中2台备用，全部工区共需配置12台射流风机，其中4台备用。

高速公路瓦斯隧道如果在施工的时候发生了瓦斯爆炸，不但会造成工期延误、很大程度地提高瓦斯隧道施工的费用，更会对施工人员造成人身伤害甚至是生命威胁，从而造成巨大的经济损失和十分恶劣的社会影响。因此，因当对瓦斯隧道的通风技术有充分的了解，再对隧道通风方案进行确定。

随着我国公路交通的迅速发展，隧道建设规模的不断扩大，公路隧道运营的安全性、舒适性和健康性越来越受到行车人员和交通部门的关注。隧道是个相对封闭的区域，车辆行驶时排出的废气烟尘不会随自然风扩散到大气中。汽车行驶排放的废气含有一氧化碳（CO）、二氧化碳（CO_2）、一氧化氮（NO）、二氧化氮（NO_2）、二氧化硫（SO_2）、醛类、有机化合物、碳氢化合物等多种有害成分，污染了隧道内的空气，对人体的健康造成重大威胁；随着空气污染物的积累和车辆行驶扬起的灰尘，隧道内的能见度降低，引起车辆行驶视距下降，妨碍行车安全和维修工作的正常进行；污染物的长期存在还会对隧道内的结构物、灯具等设备造成腐蚀，影响其使用寿命。因此，隧道内必须安装通风设备，利用新鲜空气来稀释和排除隧道内汽车排出的有害气体、烟雾和灰尘，以保证隧道内有一个相对安全、健康、舒适的环境。下面将对隧道内常见的通风方式进行一个简要的说明。

1.3.2 自然通风

隧道自然通风，就是不用风机设备，完全依靠自然风的作用，将施工中产生的污染物排出隧道的一种方法，它不需要设备和电力，非常节省能源和运行费用，是一种理想的通风方式。但这种通风方式易受到各因素影响和制约，这就要求我们对隧道自然通风的内在规律及常见情况下的自然通风进行了解。

1. 自然风流的形成

隧道自然风流形成包括三方面原因，即隧道内外的温度差、进出风口高点水平气压差和隧道外大气自然风。

当隧道内外温度不同时，隧道内外空气的密度就不相同，若进、出风口存在高差，就会形成压差，从而产生空气流动，这种压差被称为热压差；在大的范围内，不同地方气候不同，空气温度、湿度等存在差别，同一水平面上的大气压也不相同，即存在水平压力差；隧道外吹向洞口的大气自然风，碰到山坡后，其动压的一部分可转变为静压力。

热压差、水平压力差和大气自然风形成的静压力构成了隧道自然风流的风压。通常情况下，隧道外大气风流转换动压和高点水平气压差对自然风压的影响不大，自然风压的大小主要取决于热位差。影响自然风压的决定性因素是两侧空气柱的密度差和高度。

2. 常见情况下的隧道自然通风

（1）上、下坡隧道独头施工的自然通风。

隧道进、出口上下坡施工时，洞口的气候条件对自然通风的形成有很大影响，因此在冬季和夏季的自然通风会有很大的不同。

对于下坡隧道施工，如图1-1所示。在冬季，一般隧道内的温度高于洞外，洞外冷空气会沿隧道地表进入隧道，而隧道内含有污染物的暖空气将沿隧道上部排除，形成自然通风；在夏季，洞内温度相对较低，这就使洞外热空气进不了洞内，无法形成自然通风。

（a）冬季　　　　　　　　　　　　　（b）夏季

图1-1　下坡隧道自然通风示意图

对于上坡施工的隧道来说，如图1-2所示。冬季洞外的冷空气受阻停在洞口段，难以进入工作面，洞内的暖空气停滞在隧道工作面附近，无法形成自然通风；夏季洞内气温较外部低，隧道内冷空气沿隧道下部流出隧道，外部热空气则从隧道洞口上部流入，形成自然通风。

（a）冬季 　　　　　　　　　　　　 （b）夏季

图1-2　上坡隧道自然通风示意图

（2）两贯通竖（斜）井的自然通风。

当隧道的两个施工竖（斜）井贯通后，由于两竖（斜）井的位置和深度不同，在两者之间容易形成自然通风。自然通风系统如图1-3所示，c—d为水平隧道，a—e是通风系统最高点的水平线，如果把地表大气视为断面无限大、风阻为零的假象风路，则通风系统可视为一个封闭的回路。

如果不考虑洞外大气自然风和a、e两点的水平气压差，自然风压的大小和方向主要受地面空气温度变化的影响。在冬季，地面气温低，空气柱a—b—c比空气柱d—e重，风流由1号竖井的b点流向c点，经2号竖井的d、e点排出地面；夏季，地面气温高于隧道和竖井的平均气温，空气柱a—b—c比空气柱d—e轻，使风流由1号竖井排出；在春秋季节，因为底面气温与隧道和竖井内的气温相差不大，自然风压很小，因此会造成隧道风流停滞的现象。

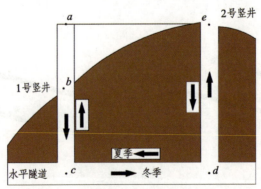

图1-3　两贯通竖井隧道自然通风示意图

（3）无竖（斜）井隧道贯通后的自然通风。

隧道为单坡直线隧道，进口到出口为上坡，如图1-4所示。隧道贯通后，若仅存在洞内外温差，冬季自然风流由进口流向出口，夏季则由出口流向进口。但实际上，自然风压除了和进出口高差以及洞内外温差有关外，还与隧道进出口温度以及进出口外的大气自然风速有关，因此在这种情况下对自然风的流向和大小要综合考虑。

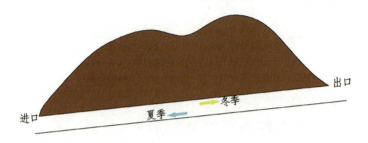

图1-4　贯通隧道的自然通风示意图

自然通风方式因受自然条件和施工方法的影响和限制很大，一般适用于对通风要求小的短隧道，主要应用于矿山开采的井巷工程和部分短隧道的运营通风中。选择此方式通风必须掌握气候条件和自然风压的变化规律，防止风流反向。这种通风方式一旦得以应用，对于节能是非常有利的。另外，有些极短的隧道开挖完全依靠空气扩散来换气通风，此方式换气时间长，一般不宜采用。

1.3.3　风管式通风

风管式机械通风主要包括送风式通风、抽（排）出式通风、混合式通风和并用式通风。

1. 送风式通风

风管压入式通风的管路进风口设在洞外，出风口设在掌子面附近，在风机的作用下，新鲜空气从洞外经管路送到掌子面，稀释污染物，污浊空气由隧道内排至洞外。其布置方式如图1-5所示。

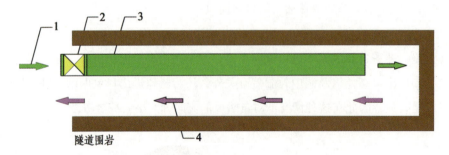

1—新鲜空气；2—送风机；3—送风管路；4—污浊空气。

图1-5 送风式通风示意图

压入式通风是将轴流风机安设在距离洞口30 m以外的新鲜风区，通过风管将新鲜风压送到开挖工作面，并将稀释的污风沿隧道排出洞外。

这种通风方式采用的是柔性风管，成本比较低，并且通风布置基本不受施工条件限制，目前在施工生产中应用很广泛，但其缺点是污风经整条隧道后排出洞外，后方的施工环境会受到较大影响。一般无轨运输施工的隧道多采用此通风方式。

2. 抽（排）出式通风

排风式通风分为负压排风式通风和正压排风式通风。管路的进风口设在掌子面附近，出风口设在洞外，在风机的作用下，新鲜空气从洞外经隧道到达掌子面，污浊空气则直接由管路排至洞外。其布置方式如图1-6、图1-7所示。

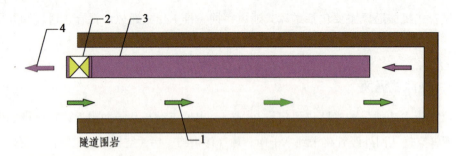

1—新鲜空气；2—排风机；3—排风管路；4—污浊空气。

图1-6 负压排风式通风示意图

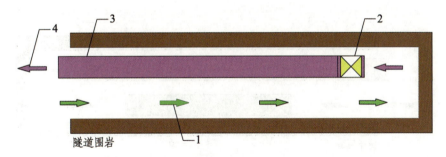

1—新鲜空气；2—排风机；3—排风管路；4—污浊空气。

图1-7 正压排风式通风示意图

抽（排）出式通风可细分为抽出式通风和排出式通风。抽出式通风是将通风机安设在距离洞口30 m以外的下风向，通过刚性负压风管将开挖工作面产生的污风抽出洞外，新鲜风沿隧道进入到开挖工作面。

排出式通风将工作面的污风直接经风管抽出洞外，保证了整条隧道的空气清洁，对保护人体健康有利，较适用于有轨运输施工的隧道。但其缺点是采用刚性风管，并且在瓦斯隧道中需要配备防爆风机，成本比较高。另外，正压排风式通风使用的是柔性风管，此方法在开挖时风机随工作面的推进需不断前移，并且放炮时飞石易击坏通风设备，在长隧道中一般不宜采用。

3. 混合式通风

混合式通风是由送风式通风和排风式通风变换组合而成的一种通风方式。它有两种形式，一种为负压排风混合式，一种为正压排风混合式，如图1-8、图1-9所示。

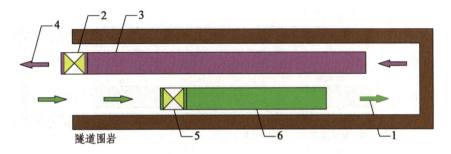

1—新鲜空气；2—排风机；3—排风管路；4—污浊空气；5—送风机；6—送风管路。

图1-8 负压排风混合式通风示意图

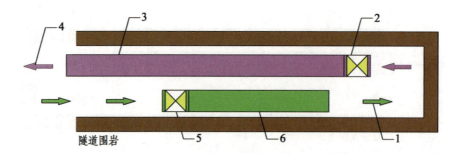

1—新鲜空气；2—排风机；3—排风管路；4—污浊空气；5—送风机；6—送风管路。

图1-9　正压排风混合式通风示意图

在风机的作用下，新鲜空气从洞外进入隧道，流向送风机的入口并进入送风管道，经送风管路到达掌子面附近；污浊空气从掌子面由隧洞流向排风管路的入口，进入排风管道，经排风管道排至洞外。

混合式通风在抽（排）出式的基础上增加了输送新鲜空气的轴流风机和软风管，这样增加了施工通风的效率，将工作面的污风直接经风管抽出洞外，保证了整条隧道的空气清洁，对保护人体健康有利。但其缺点在于采用刚性风管且在瓦斯隧道中需要配备防爆风机，成本比较高。另外，开挖时风机随工作面的推进需不断前移，并且放炮时飞石易击坏通风设备，在长隧道中一般不宜采用。

4. 并用式通风

送风式通风和排风式通风共同使用，即构成并用式通风。同样，并用式也有负压排风并用式和正压排风并用式两种形式，如图1-10、图1-11所示。

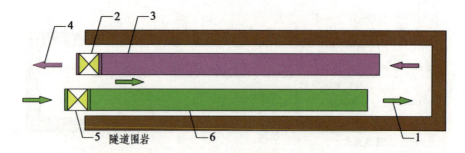

1—新鲜空气；2—排风机；3—排风管路；4—污浊空气；5—送风机；6—送风管路。

图1-10　负压排风并用式通风示意图

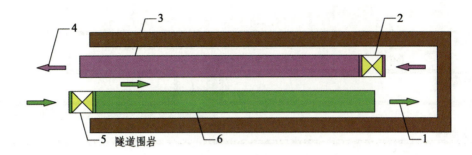

1—新鲜空气；2—排风机；3—排风管路；4—污浊空气；5—送风机；6—送风管路。

图1-11　正压排风并用式通风示意图

在风机的作用下，新鲜空气部分通过送风管到达掌子面附近，部分由洞外直接进入洞内；污浊空气部分从掌子面流向排风管的入口，部分由隧道进入的新鲜空气沿途稀释污染物变成污浊空气后流向排风管的入口。两股污浊空气合流进入排风管道，排到洞外。

与混合式通风相仿，并用式通风将输送新鲜空气的轴流风机放置在隧道外部，这样大大增加了进入隧道的新鲜空气总量，保证隧道施工期间的新鲜风供应以及整条隧道的空气清洁，对保护人体健康有利。但其缺点也更加突出，随着隧道的掘进，风机需要不断前移，风管长度需要不断增大，这就大大增加了通风成本，并且放炮时经常炸破风管，装拆和维护风管很麻烦，在长隧道中一般不宜采用。

1.3.4　巷道式通风

巷道式通风一般应用在有联络通道的平行双洞条件下，辅助坑道贯通的情况下有时也局部采用，它分为主扇巷道式通风和射流巷道式通风。目前应用较多的是射流巷道式通风。

1. 射流巷道式通风

射流巷道式通风是在射流风机的作用下，新鲜空气从一个隧道进入，污浊空气从另一个隧道排出，新鲜空气由送风管到达掌子面附近。系统布置如图1-12所示。

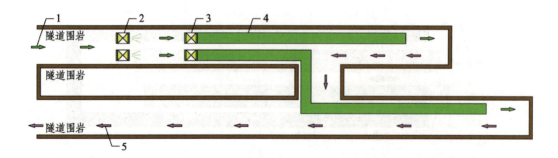

1—新鲜空气；2—射流风机；3—送风机；4—送风管路；5—污浊空气。

图1-12　射流巷道式通风示意图

射流巷道式通风采用射流风机为动力来引射新鲜风，开挖工作面是利用安设在新鲜风区的压入式风机和通风管来获取新鲜风，它要求局扇后面的横通道必须及时封闭，以避免风流短路或污风循环。

这种通风方式在长大隧道中运用非常普遍，通风系统采用了射流通风技术，在隧道内布置了射流风机，利用其射流、卷收和诱导作用使巷道中的气流升压，将工作面产生的污浊空气压入排风洞并排出。轴流风机是随着前面横通道的贯通逐渐前移的，后面的横通道可根据需要选择射流风机、风墙、风帐或风门封堵，应尽量减小漏风、避免发生污风循环，为了有利通风和方便施工，一般风机都安设在同一个洞中，即一个洞进风、另一个洞回风，实现新鲜风和污染风的分离。此通风方式的优点是大大缩短了风管的长度，降低了风阻和漏风率，保证了充足的风量；其缺点是其中一个洞长期处于污风之中。要改善这种状况，可增加除尘装置或将前面介绍的混合式通风（即抽、压结合）应用于此，但成本会提高很多。

2. 主扇巷道式通风

主扇巷道式通风是在主扇的作用下，新鲜空气从一个隧道进入，污浊空气从另一个隧道排出，新鲜空气由送风管道到达掌子面附近。系统布置如图1-13所示。

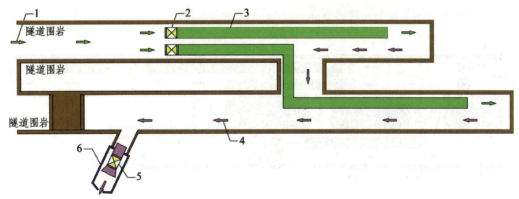

1—新鲜空气；2—送风机；3—送风管路；4—污浊空气；5—主扇；6—风门。

图1-13 主扇巷道式通风示意图

这种通风方式是在洞口设一风门，在此隧洞外侧通过另设风道来安设大功率主扇，横通道内再通过安设局扇来向各工作面送风。此通风方式与前面介绍的射流巷道式施工通风有相似之处，只是其缺点除了正洞长期处于污风之中外，应用大功率主扇耗电量非常大，风门漏风和横通道封闭不严使部分风流短路，浪费的能量过多。考虑到节能、降低成本和操作的方便性，此通风方式现已很少采用。

3. 隧道多工作面并行施工的通风方式

平行导坑与隧道工作面向前平行掘进，平行导坑超前并进入隧道增开工作面，两洞之间有横通道连通。

当独头较短时，平行导坑与隧道均采用送风式通风，其系统布置和实施要点与单洞隧道独头掘进施工时的送风式相同；当独头较长时，采用射流巷道式通风，如图1-14所示。射流巷道式通风是利用射流风机在平行的导坑与隧道中形成主流风，使新鲜空气从一个洞进入，并在流近畅通的横通道时，利用三个管路将横通道上游的新鲜空气分别送到平行导坑与两个隧道的作业面，同时污浊空气从掌子面流回横通道，再从另一个洞排出。

平行导坑与隧道并行施工（多工作面）通风方式的特点：

（1）新鲜空气被转送到掌子面；

（2）从进风洞口到畅通横通道区域为新鲜风流；

（3）送风管路可使用软风管，且管路的延长比较容易；

（4）通风断面大，耗电量少；

（5）风管需要量小，费用低。

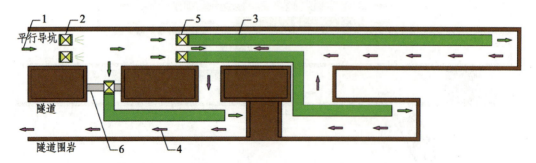

1—新鲜空气；2—射流风机；3—送风管路；4—污浊空气；5—送风机；6—隔风墙。

图1-14　平行导坑与隧道并行施工射流巷道式通风示意图

平行导坑与隧道并行施工（多工作面）的通风方式实施要点：

（1）射流风机最好放置在平导内；

（2）不用的横通道需要及时封闭，因施工需要，不能封闭的要安装风门，不能安装风门的，要用射流风机进行调控；

（3）送风管路的布设要平、直顺，特别是由进风洞经横通道进入另一洞的通风管路，在横通道转弯处要做到通顺，不转死角；

（4）送风管路出风口到平导（或隧道）掌子面的距离小于5倍的平导（或隧道）当量直径；

（5）为保证新鲜风和污染风的分离，车辆必须从排风洞进出。

这种通风方式在对工期进行控制的长大隧道中运用非常普遍，采用多个工作面进行开挖，能大大增加施工效率。通风系统采用了射流通风技术，在隧道内布置了射流风机，利用其射流、卷收和诱导作用使巷道中的气流升压，将工作面产生的污浊空气压入排风洞并排出，与前面介绍的射流巷道式施工通风有相似之处，但是其缺点除了正洞长期处于污风之中外，射流风机的需要量大大增加，风门漏风和横通道封闭不严使部分风流短路，浪费的能量过多。

1.3.5　常见隧道辅助坑道条件下的通风方式

在没有辅助坑道的情况下，单洞隧道进、出口均采用独头掘进的方式进行施工，双洞隧道的进、出口则采用平行掘进的方式进行施工，相对的通风方式比较简单。为了增加工作面、缩短工期和改善施工条件，需要增设辅助坑道，常用的辅助坑道有横洞、平导、斜井和竖井，由于辅助坑道的设置，通风方式要作相应的变化。

1. 设通风竖井的进口独头施工的通风方式

（1）通风方式。

当自然风由隧道口流向通风竖井时，可采用如图1-15所示的射流巷道式通风。新风由送风管路直接送到掌子面附近，掌子面和沿途污浊空气流向通风竖井，经竖井排出洞外。由洞口流向通风竖井的风量可以通过射流风机引射调整，若自然风流足够大，可关掉射流风机。

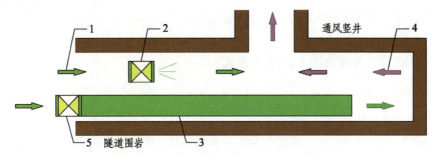

1—新鲜空气；2—射流风机；3—送风管路；4—污浊空气；5—送风机。

图1-15　设通风竖井的射流巷道式通风示意图

当自然风由通风竖井流向隧道口，或者掌子面到通风竖井的距离太长时，可采用如图1-16所示的送风式通风。新风由通风竖井经送风管直接到达掌子面附近，污浊空气从掌子面流向隧洞口，排至洞外。

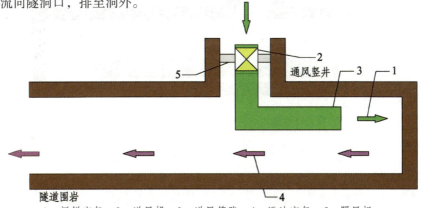

1—新鲜空气；2—送风机；3—送风管路；4—污浊空气；5—隔风板。

图1-16　设通风竖井的送风式通风示意图

（2）特点。

在长大隧道的施工建设中，竖井的辅助通风已经非常普遍，具有以下优缺点：

①新鲜空气可一直送到掌子面；

②两种竖井辅助施工方式都能使污染风及时排出，使作业区工人都处于新鲜空气中；

③使用软风管可使送风管路延长且容易管理；

④整个隧道中都存在污染风，后续作业环境较差；

⑤管路漏风对通风有正面作用。

（3）实施要点。

①风管应当平、直、顺；

②出风口到掌子面的距离小于5倍的隧道当量直径。

2. 由横洞进入隧道施工的通风方式

（1）通风方式。

当由横洞进入隧道施工，并且与隧道口贯通时，可采用如图1-17所示的射流巷道式通风。新鲜空气由隧洞口进入隧道，至送风机入口时，由送风管路送到掌子面附近，污浊空气从掌子面流向横洞，由横洞排出洞外。

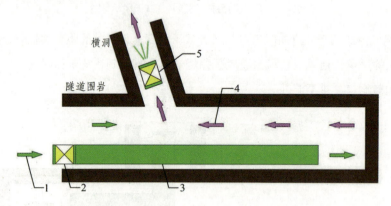

1—新鲜空气；2—送风机；3—送风管路；4—污浊空气；5—射流风机。

图1-17　横洞进入隧道施工射流巷道式通风示意图

（2）特点。

在射流巷道式通风体系中，每个一段距离会设置一个横通道，实现新鲜风和污风的分离，在长隧道和特长隧道中，均会用到横洞通风的方式。此通风方式的优缺点如下：

①从隧道口到横洞区域为新鲜风区；

②使用软风管可使送风管路延长且容易管理；

③相比其他通风方式，管路送风距离较短；

④管路漏风对通风有正面作用。

（3）实施要点。

①射流风机放置在横洞内；

②风管应当平、直、顺；

③出风口到掌子面的距离小于5倍的隧道当量直径；

④送风机的进风口到横洞的距离要大于50 m。

3．由斜井进入隧道双向施工的通风方式

由斜井进入隧道双向施工是指通过斜井进入隧道后向两个方向独头掘进即为单斜井单正洞模式。

（1）通风方式。

两个作业面均采用送风式通风，系统布置方式如图1-18所示。两台轴流风机均设在洞外，两条送风管路的出风口分别设在两个掌子面附近。新鲜空气从洞外由送风管路送到掌子面，污染风则由两个掌子面流向斜井，再通过斜井排到洞外。

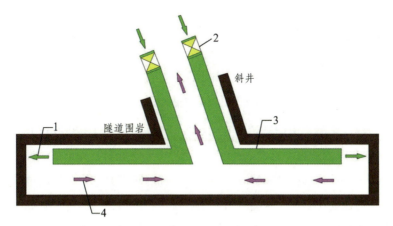

1—新鲜空气；2—送风机；3—送风管路；4—污浊空气。

图1-18　横洞进入隧道施工射流巷道式通风示意图

（2）特点。

在斜井辅助施工通风的过程中，能大大减小送风距离（相比从洞外进行送风的方式），并且为施工期间的空气流动提供多条通路。随着隧道的不断掘进，斜井将作为主要的通风出口。在长大隧道的建设中，越来越多地采用斜井辅助通风，大大提高了通风效率，减少了通风费用。

这种通风方式的优缺点：

①隧道通风处于平衡状态时，汽车尾气在隧道内浓度分布是由里向外，逐渐增大，靠近斜井时浓度最高，作业区工作人员处在相对新鲜的空气中；

②使用软风管可使送风管路延长且容易管理；

③整个隧道被污染，后续作业环境较差；

④管路漏风对通风有正面作用。

（3）实施要点。

①风管应当平、直、顺，特别是管路由斜井转入正洞处，要做到通顺，不能转死角；

②出风口到掌子面的距离小于5倍的隧道当量直径；

③风机离开洞口的距离约10倍斜井当量直径，或者呈直角方向安放于斜井洞口一侧并保持一定的距离。

1.4 国内外工程实例

近年来，随着我国交通基础设施建设规模的逐步扩大，高速公路建设迅猛发展，尤其是随着西部大开发战略的逐步实施，公路隧道数量日益增多，建设规模越来越大，到2016年底，已建成秦岭终南山隧道（18020 m）、雪山隧道（12900 m）、大坪里隧道（12288 m）、包家山隧道（11185 m）等多处特长公路隧道，并正在建设米仓山特长隧道（13833 m）、白马隧道（13000 m）等特长公路隧道，且我国公路隧道的数量正以每年超过150 km的速度在增长。这些隧道在缩短行车距离、提高车速、降低油耗、保障行车的舒适性、降低交通事故发生率、保护环境等方面发挥了积极的作用，取得了良好的社会经济效益。同时，公路隧道占路线总里程的比例也越来越高，如贵州崇遵高速公路共有隧道17座，隧道约占总里程的18%，云南元磨高速公路共有隧道22座，隧道约占总里程的20%。全国许多省、市在实施公路建设或规划时，都不可避免地遇到了隧道群建设问题，一些路段隧道总长占道路总长1/4，这说明我国的公路隧道建设正处于一个大规模建设时期。

下面对几个典型的特长公路隧道通风方式进行简要说明。

1. 秦岭终南山公路隧道

秦岭终南山公路隧道是位于陕西省秦岭终南山的一条隧道，是西康高速公路工程的控制工程之一，而且是世界最长的双线高速公路隧道。隧道单洞长18.02 km，双洞共长36.04 km，15 min即可穿越，至此，制约陕南经济发展的秦岭天堑变为通途，西安至柞水的通行里程缩短约60 km，行车时间由原来的3 h缩短为40 min。

秦岭终南山公路隧道净宽9.75 m，净高5.0 m，施工时采用无轨运输，上、下行线之间平均每500 m交替设置车行和人行横通道进行辅助通风。秦岭终南山公路隧道施工通风的难点在于隧道为大断面公路隧道，且上、下行线同时掘进；隧道坡度较大，不利于新鲜空气的进入等。综合各种因素考虑后采用以射流通风为主的巷道式施工通风方式。施工通风布置如图1-19所示。

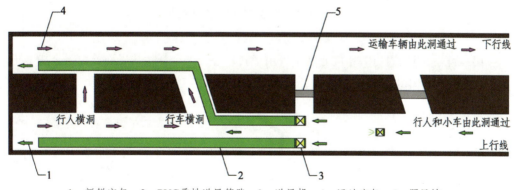

1—新鲜空气；2—PVC柔性送风管路；3—送风机；4—污浊空气；5—隔风墙。

图1-19　秦岭终南山隧道变更后施工通风设计示意图

2. 大相岭泥巴山隧道

大相岭泥巴山特长公路隧道位于四川省荥经县与汉源县交界处，是雅泸高速公路的控制性工程。隧道为双洞单向行车，设计行车速度为80 km/h；左线全长9.962 km，右线全长10.007 km；隧道出口端左线5.116 km、右线5.13 km，由中铁十二局集团第三工程有限公司承建；主洞净宽8.75 m，净高5 m，每隔700 m左右分别设置人行横通道和车行横通道。

第一条车行横通道贯通前采用压入式通风，贯通后采用巷道式通风。

隧道通风方案共分为3个阶段：

第1阶段：左线与右线均采用压入式通风，其通风系统布置不再详述。

第2阶段：第一条车行横通道贯通之后实施巷道式通风，其通风系统布置如图1-20所示。除掌子面前第一个横通道外，其余通道均用风墙封闭。

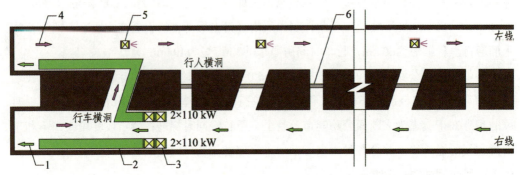

1—新鲜空气；2—柔性送风管路；3—送风机；4—污浊空气；5—排风机；6—隔风墙。

图1-20　泥巴山隧道第2阶段通风布置图

第3阶段：当主洞与斜井贯通后，利用了斜井进行排风。除掌子面前第一个横通道外，其余通道均用风墙封闭，如图1-21所示。

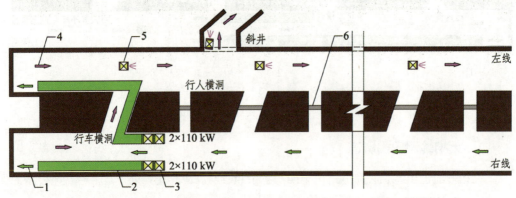

1—新鲜空气；2—柔性送风管路；3—送风机；4—污浊空气；5—排风机；6—隔风墙。

图1-21　泥巴山隧道第3阶段通风布置图

通过对大相岭泥巴山隧道施工现场空气质量等进行检测，并参照相关规范发现洞内空气质量均能达到规范要求。该隧道所采用的射流巷道式施工通风技术取得了良好的效果，在保证施工进度的基础上降低了施工通风成本。

3．二郎山隧道

二郎山特长隧道位于四川省雅安市及甘孜州境内，是雅康高速公路的重难点控制性工程之一。隧道左线全长13.433 km、右线全长13.381 km，地质条件复杂，存在高压涌突水、岩溶及瓦斯等不良地质段，施工风险高、难度大。综合考虑后确定采取风管式通风与巷道式通风相结合的通风方式。

二郎山隧道的施工通风分为3个阶段：

第1阶段、第2阶段中左、右隧道均采取压入式送风，在此不再详述。

第3阶段是左、右线洞口段打通后，风机全部布设于右洞内，布设射流风机两台，开始实施巷道式通风。运输车辆由左洞进出，行人和小车由右洞进出。该阶段通风布置如图1-22所示。

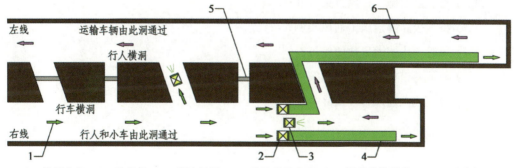

1—新鲜空气；2—送风机；3—射流风机；4—柔性送风管路；5—隔风墙排风机；6—污浊空气。

图1-22　巷道式通风布置图

1.5　本书的主要内容

纵观国内外的隧道通风研究状况可以发现，公路隧道运营通风、风管式施工通风的研究是各国学者的普遍关注对象，而对于风管压入式通风、射流巷道式通风中涉及风流流场、有毒有害气体分布等问题，缺乏针对性研究，作为长大隧道施工的两大基本通风方式，有必要对其进行系统、深入的研究。因此，本课题将依托于实际工程，在对其施工通风方案进行阐述的基础上，利用计算流体力学（CFD）软件FLUENT对风管压入式通风、射流巷道式通风局部流场进行数值模拟研究（充分考虑瓦斯、硫化氢等有毒有害气体影响），并对隧道施工通风管理技术在长大隧道施工中的具体应用进行探讨，最后结合现场监测检验通风效果，以期得到合理的通风效果改善途径，对特长公路隧道设计、建设发挥实际作用。

本书以米仓山隧道、华蓥山隧道、宝鼎2号隧道科研项目为依托，其中米仓山隧道为典型的长大硬岩隧道，华蓥山隧道、宝鼎2号隧道为典型的瓦斯隧道，施工期间涌出大量的瓦斯、硫化氢等有毒有害气体。通过对三座隧道施工通风计算和方案的阐述，风管压入式通风、射流巷道式通风局部流场数值模拟研究（充分考虑瓦斯、硫化氢等有毒有害气体影响），以及施工通风管理的介绍，从多个方面及维度对特长公路隧道的基本施工通风方式进行说明。

本书的主要内容：

（1）隧道通风卫生标准及基本通风方式；

（2）长大隧道施工通风方案设计计算；

（3）特长公路隧道施工通风实例；

（4）风管压入式通风数值模拟；

（5）射流巷道式通风数值模拟；

（6）隧道施工通风管理及除尘技术。

◆ 第2章　公路隧道施工通风计算

2.1　需风量计算

隧道施工中，掘进工作面所需的风量与施工方法、施工作业的机械配套条件关系很大，而且在一个作业循环中，不同的作业工序对风量的要求也有较大差别。进行风量计算的目的是为正确选择通风设备和设计通风系统提供依据。通风系统的供风能力应满足工作面对风量的最大需求。

2.1.1　按洞内工作面同时工作的最多人数计算风量

当隧道内同时作业人员较多时，隧道内工作人员呼出的二氧化碳（CO_2）对作业环境造成的污染是不可忽略的。

洞内工作面同时工作的最多人数需风量可按下式计算：

$$Q_{人} = q \cdot n \cdot k \tag{2-1}$$

式中：q ——洞内每个作业人员的需风量（m^3/min）；

　　　n ——作业面同时作业的最多人数；

　　　k ——备用系数。

考虑到洞内环境的温度、湿度，以及劳动强度和舒适度，对于洞内每个作业人员的需风量，我国隧道施工中一般采用的是每人3 m^3/min。备用系数是根据实际情况对需风量的一个修正系数，取1.5。

2.1.2　按爆破排烟需风量计算风量

以钻爆法施工的隧道在爆破之后会产生大量的一氧化碳（CO）、二氧化碳（CO_2）、氮氧化物等有毒、有害气体以及粉尘。爆破后排烟需风量是以CO的浓度为标准的，就是计算达到通风要求的CO浓度所需的风量。对于送风式通风，常常采用沃洛宁公式进行计算。

当风管出口到工作面的距离不大于$(4\sim5)\sqrt{A}$时：

$$Q_{爆破} = \frac{0.456}{t} \sqrt[3]{\frac{Gb(AL)^2}{P^2 C}}$$

（2-2）

式中：t——通风时间；取30 min；

$\quad\quad G$——同时爆破炸药量（kg）；

$\quad\quad b$——每千克炸药产生的CO当量，取40 L/kg；

$\quad\quad A$——隧道开挖断面面积（m^2）；

$\quad\quad L$——通风距离（m）；

$\quad\quad P$——风管始末端风量之比，取1.2；

$\quad\quad C$——通风要求达到的CO浓度，取0.025%。

1. 通风时间问题

爆破后通风时间的长短对施工通风的风量影响很大，《隧道钻爆法掘进施工安全操作手册》规定。通风时间不得小于15 min，但实际工程中，通风时间通常按30 min考虑，即爆破后必须经过30 min后才能进入掌子面继续工作。通风时间对于隧道施工的影响在于：通风时间过短，那么风机供风量就会增大，相应所需的通风设备功率增大，通风费用增加；通风时间过长，那么其他工序的施工时间就会被压缩，增加了施工单位工期的压力。因此，通风时间的选取需要综合通风设备、工序时间、围岩岩性等因素综合考虑。

随着通风技术、通风设备的发展，大直径风管配置大功率风机的使用，使各国在通风时间的选取上也逐渐减小。日本过去执行的通风时间为20 min，现在修订为15 min；瑞士规定的通风时间也为15 min；国际隧协规定在爆破后出渣前，需要15 min的通风时间。因此，建议在风量设计时对通风时间的选取以现场实际为准。

2. 通风长度问题

通风长度就是风机供风区段长度，整个通风长度内的炮烟有害气体浓度，需要在通风时间内降到规定的浓度以下。因此，通风长度的选取也影响到通风费用以及各个工序的时间。这里就涉及一个概念：排烟安全距离。当炮烟从掌子面向外排出过程中浓度不断降低，在炮烟平均浓度已经降低到允许浓度时，该断面到掌子面的距离，就叫作排烟安全距离。排烟安全距离的公式可根据沃洛宁公式推导得到：

$$L_s = \frac{0.1Gb}{CA} \qquad (2\text{-}3)$$

对于钻爆法开挖的隧道，施工区域从最前端的掌子面，一直到二次衬砌台车的位置，这个作业区域的长度叫作二衬步距。若二衬步距小于排烟安全距离，则取二衬步距为通风长度；若二衬步距大于排烟安全距离，则取排烟安全距离为通风长度。因此在施工时，二次衬砌的施作要尽量紧跟掌子面的爆破进度，尽量减小二衬步距，从而减小风机风量，降低通风费用。

3. 同时爆破炸药量

炮孔装药数量的多少是影响爆破效果的重要因素。药量不足会出现炸不开、块度偏大、炮眼利用率低、轮廓线不整齐等现象；药量过多则会破坏围岩的稳定性，抛碴分散影响装运，而且不安全。合理的炸药量应根据所使用炸药的性能、地质条件、开挖面情况及爆破的质量要求来确定，并根据在实际爆破实践中的效果加以修正，直到达到良好的爆破效果为止。

目前多采用体积法计算一个爆破循环的炸药量Q，采用如下公式进行计算：

$$Q_b = kL_bA \qquad (2\text{-}4)$$

式中：Q_b——一个爆破循环的总药量（kg）；

L_b——一个爆破循环的掘进进尺；

k——爆破单位体积岩石的炸药平均消耗量，简称炸药的单耗量（kg/m^3）；

A——隧道开挖断面面积（m^2）。

炸药单耗量k值实际通常为0.7~2.5 kg/m^3，实际取值结合类似工程实例以及现场施工情况确定。

2.1.3 按稀释掌子面附近内燃机废气计算风量

使用内燃机动力设备时，隧道的通风量应足够将设备所排出的废气全部稀释和排出，使隧道内各主要作业地点空气中有毒、有害气体的浓度降至允许浓度以下。我国用得较多的仍是按柴油机额定功率系数法计算。考虑到每种内燃设备的负荷率和利用率，应当以实际使用功率计算风量：

$$Q_内 = N \cdot q \cdot k \qquad\qquad (2\text{-}5)$$

式中：N —— 内燃机总功率（kW）；

q —— 内燃机械单位功率供风量；

k —— 功率系数，取0.63。

需要说明的是，这样计算得到的总风量是稀释掌子面附近内燃机废气的风量，而不是工作面所需要的总风量。

对于内燃机械单位功率供风量q的选取，按隧道施工规范规定，风机应按3 m³/（min·kW）供风，这实际上执行的是一氧化碳（CO）浓度为50 ppm的卫生标准，若采用其他标准，需要进行相应的换算；国际隧协规定的柴油机械按额定功率计算最小供风量为4 m³/（min·kW）。

根据我国车辆的实际情况，建议供风标准为4.5 m³/（min·kW），最低也应遵循国际隧协4 m³/（min·kW）的标准。

2.1.4 按允许最低风速计算风量

隧道施工中的钻孔、混凝土的喷射、装渣运输作业、汽车排烟等都会产生大量的粉尘，其与容许粉尘量的比值就可以得到排除粉尘所需风量。但粉尘的具体发生量是难以估算的，工程上常以使洞内粉尘浓度降低到容许浓度以内的风速来确定排尘所需的风量：

$$Q_v = v \cdot A \qquad\qquad (2\text{-}6)$$

式中：v —— 允许最低风速（m/s）；

A —— 隧道开挖断面面积（m²）。

1. 我国的有关规定

《铁路隧道工程施工安全技术规程》（TB 10304—2020）规定：风速在全断面开挖时不小于0.15 m/s，坑道内不小于0.25 m/s，但均不应大于6 m/s。

2. 英国的有关规定

英国的《建筑工业中隧道开挖作业安全实用规程》（BS 6164—2001）认为，当风速小于0.5 m/s时，粉尘会逆风扩散，因此该规程把这一风速作为最低标准。

3. 国际隧协的有关规定

国际隧协在空气的供给量或从作业面的排出量方面进行考虑，认为在任何时候全断面隧道或竖井的最小平均风速应在0.3~2 m/s之间。

2.1.5　按排出瓦斯涌出量计算风量

若作业工作面附近有瓦斯涌出，那么工作面就需要足够的风量来冲淡、排出瓦斯，保证瓦斯浓度在允许浓度之下。排出瓦斯涌出量所需风量可按下式计算：

$$Q_g = \frac{100q_{CH_4}}{C_a - C_0} \cdot K \qquad (2-7)$$

式中：q_{CH_4}——工作面瓦斯涌出量（m^3/min）；

$\quad\quad C_a$——工作面允许瓦斯浓度，取0.5%；

$\quad\quad C_0$——送入工作面风流中瓦斯的浓度，若为新鲜风流则取0；

$\quad\quad K$——瓦斯涌出不均衡系数，$K=1.5~2$。

2.2　风机风量计算

在隧道独头掘进施工中，新鲜空气由风机通过风管压入掌子面附近，把有毒、有害气体和粉尘从掌子面附近压出，从而满足作业环境要求。对于管路通风，管路漏风率是不可回避的一个问题，它通常是评价管路安装和维护质量好坏的主要标准，也是确定风机供风量的主要依据之一。

压入式风机的供风量应按隧道最大需风量来确定，可按以下公式计算：

$$Q_f = \frac{Q_{max}}{k_1} \qquad (2-8)$$

$$k_1 = 1 - \eta_{100}\frac{L}{100} \qquad (2-9)$$

式中：Q_f——风机供风量（m^3/s）；

$\quad\quad Q_{max}$——最大需风量（m^3/s）；

$\quad\quad \eta_{100}$——管路平均百米漏风率；

$\quad\quad k_1$——有效风量率；

L——管路长度（m）。

对于管路平均百米漏风率，目前有以下几种理论可以参考。

1. 平均百米漏风率理论

平均百米漏风率是指每百米管路平均漏风量占风机供风量的百分比，可由下式进行计算：

$$P_{100} = \frac{Q_f - Q_0}{Q_f \times L\%} \times 100\% \qquad （2\text{-}10）$$

式中：P_{100}——管路平均百米漏风率；

　　　Q_f——风机供风量（m³/s）；

　　　Q_0——管路末端风量（m³/s）；

　　　L——管路长度（m）。

需要指出的是，平均百米漏风率理论是以各百米漏风量相同为假设的。

2. 高木英夫理论

$$Q_0 = Q_f \cdot e^{-ZL} \qquad （2\text{-}11）$$

式中：Z——漏风特性指数；

　　　其他符号意义同前。

需要指出的是，高木英夫理论是以管路各处漏风率相同为假设的。

3. 青函隧道理论

$$Q_f = \frac{Q_0}{(1-\beta)^{L/100}} \qquad （2\text{-}12）$$

式中：β——漏风特性指数；

　　　其他符号意义同前。

经过变形可知，青函隧道理论公式只是高木英夫理论公式的变形，两者的实质相同。

4. 沃洛宁理论

对于硬风管管路来说，管路漏风系数及风机供风量可由下式计算：

$$Q_f = \phi \cdot Q_0 \qquad (2\text{-}13)$$

$$\phi = \left(1 + \frac{1}{3} d \cdot m \cdot k \cdot \sqrt{R_0} \cdot L^{3/2}\right)^2 \qquad (2\text{-}14)$$

式中：ϕ——漏风特性指数；

d——风管直径（m）；

m——单位长度管路接头数；

k——直径为1 m的风管每个接头的漏风系数；

R_0——单位长度管路风阻（$\mathrm{kg \cdot s^2 / m^9}$）。

2.3　通风阻力计算

通风阻力包括摩擦阻力和局部阻力，通风阻力的计算是选择风机的主要依据。对于风管阻力而言，包括风管的摩擦阻力和局部阻力，计算得到风管的总阻力，进而计算压入式风机所需全压力，进行压入式风机的选型；对于隧道阻力而言，包括隧道回风巷、横通道的摩擦阻力和局部阻力，计算得到隧道的总阻力，进行射流风机的选型。

本节对风管通风阻力的计算进行说明，而隧道阻力的计算与风管阻力计算相同，仅需将公式中的相关参数代替为隧道数据即可。

2.3.1　摩擦阻力

风管的摩擦阻力是风流与通风管周壁摩擦以及空气分子间的扰动和摩擦而产生的能量消耗。

1. 考虑管路不漏风时

当管路不漏风时，风管摩擦阻力可由下式计算：

$$h_f = \lambda \frac{L}{d} \cdot \frac{v^2}{2} \rho \qquad (2\text{-}15)$$

式中：h_f——管路的摩擦阻力（Pa）；

λ——摩擦系数；

L——管路长度（m）；

d——管路直径（m）；

v——管路内风流速度（m/s）；

ρ——空气密度（kg/m^3）。

式（2-15）可转化为如下形式：

$$h_f = \frac{\alpha \cdot L \cdot U}{A^3} \cdot Q^2 \qquad (2\text{-}16)$$

式中：α——摩擦阻力系数（N·s/m^4），$\alpha = \frac{\rho}{8}\lambda$；

U——管路断面周长（m）；

A——管路断面面积（m^2）；

Q——管路内风量（m^3/s）；

其他符号意义同前。

其中，摩擦风阻公式如下：

$$R_f = \frac{\alpha \cdot L \cdot U}{A^3} \qquad (2\text{-}17)$$

式中：R_f——风流沿管路流动时的摩擦阻力（kg/m^7）；

其他符号意义同前。

2. 考虑管路漏风时

当管路漏风时，风管摩擦阻力可由下式进行计算：

$$h_f = \frac{400\lambda\rho}{\pi^2 d^5} \cdot \frac{1-(1-\beta)^{-2L/100}}{\ln(1-\beta)} \cdot Q_0^2 \qquad (2\text{-}18)$$

式中：h_f——管路的摩擦阻力（Pa）；

λ——摩擦系数；

ρ——空气密度（kg/m^3）；

d——管路直径（m）；

β——风管百米漏风率平均值；

L——管路长度（m）；

Q_0——风机供风量（m^3/s）。

2.3.2　局部阻力

风流经过突然扩大或缩小、转弯交叉等管路时，会产生能量消耗，即局部阻力。

局部阻力可按下式计算：

$$h_x = \xi \cdot \frac{v^2}{2} \rho \qquad (2\text{-}19)$$

式中：h_x——管路的局部阻力（Pa）；

　　　ξ——局部阻力系数；

　　　v——管路内风流速度（m/s）；

　　　ρ——空气密度（kg/m^3）。

　　式（2-19）可转化为如下形式：

$$h_x = \frac{\xi \cdot \rho}{2A^2} Q^2 \qquad (2\text{-}20)$$

式中：A——管路断面面积（m^2）；

　　　Q——管路内通过局部点的风量（m^3/s）；

　　　其他符号意义同前。

　　因此，通风管路风流的局部阻力可表达如下：

$$R_x = \frac{\xi \cdot \rho}{2A^2} Q^2 \qquad (2\text{-}21)$$

式中：R_x——通风管路风流的局部阻力（kg/m^7）；

　　　其他符号意义同前。

局部阻力的计算需要根据实际情况查表得出局部阻力系数，然后用相应的风速和断面积计算即可。需要说明的是，由于局部损失的形式多样，局部流场也很复杂，在条件允许下，局部阻力系数的取值应由试验确定。

2.3.3　风机选型

结合摩擦阻力和局部阻力的计算，可以得到风管阻力和隧道阻力，进而对压入式风机和射流风机进行选型。

1. 压入式风机的选型

风管摩擦阻力、局部阻力以及接头处的局部阻力之和，就是风管阻力，可由下式进行计算：

$$H_{风管阻力} = (R_f + R_x) \cdot Q_f \cdot Q_{max}$$ （2-22）

式中：$H_{风管阻力}$——风管阻力之和（Pa）；

R_f——风流沿管路流动时的摩擦阻力（kg/m^7）；

R_x——管路风流的局部阻力（kg/m^7）；

Q_f——风机供风量（m^3/s）；

Q_{max}——最大需风量（m^3/s）。

需要注意的是，压入式风机应选择能满足各个通风区段供风量及风压的轴流风机，并考虑了管路漏风，因此上式中选择最大需风量进行计算。

计算得到风管阻力后，压入式风机全压力可按下式计算：

$$H = H_{风管阻力} + \frac{\rho}{2} v_2^2$$ （2-23）

式中：H——压入式风机全压力（Pa）；

ρ——空气密度（kg/m^3）；

v_2——风管出口风速（m^3/s）。

得到风机全压力之后，即可根据风机所能提供的风量和风压来进行轴流风机的选型。

2. 射流风机的选型

隧道阻力由隧道沿程阻力、进口局部阻力，以及横通道沿程阻力和横通道进、出口局部阻力组成。隧道阻力可以看成是回风巷阻力以及横通道阻力之和，由于主洞与横通道的断面面积不同，且风量不易计算，因此可按下面的公式进行计算。

（1）回风巷的通风阻力。

$$\Delta p_{r1} = \left(\zeta_e + \lambda_r \cdot \frac{L}{D_r} \right) \cdot \frac{\rho}{2} \cdot v_r^2$$ （2-24）

式中：Δp_{r1}——隧道回风巷通风阻力（Pa）；

ζ_e——隧道入口局部损失系数，取0.6；

λ_r——隧道壁面摩阻损失系数，取0.02；

D_r——隧道当量直径，即$4A/U$，U为隧道周长（m）；

L——隧道回风巷长度（m）；

v_r——隧道中的风速（m/s）。

（2）横通道的通风阻力。

$$\Delta p_{r2} = \left(\zeta_{进} + \zeta_{出} + \lambda_r \cdot \frac{L}{D}\right) \cdot \frac{\rho}{2} \cdot v^2 \qquad (2\text{-}25)$$

式中：Δp_{r2}——横通道通风阻力（Pa）；

$\zeta_{进}$——横通道入口局部损失系数；

$\zeta_{出}$——横通道出口局部损失系数；

D——横通道当量直径，即$4A_1/U_1$，U_1为隧道周长（m）；

v——横通道风速（m/s）。

隧道阻力为：

$$\Delta p_r = \Delta p_{r1} + \Delta p_{r2} \qquad (2\text{-}26)$$

每台射流风机的升压力，可按下式进行计算：

$$\Delta p_j = \rho \cdot v_j^2 \cdot \frac{A_j}{A} \cdot \left(1 - \frac{v_r}{v_j}\right) \cdot \eta \qquad (2\text{-}27)$$

式中：Δp_j——单台射流风机升压力（Pa）；

ρ——空气密度（kg/m^3）；

v_j——射流风机出口风速（m/s）；

A_j——射流风机出口面积（m^2）；

A——隧道断面面积（m^2）；

V_r——隧道中的风速（m/s）；

η——射流风机位置摩阻损失折减系数。

射流风机的台数可按照下式计算：

$$i = \frac{\Delta p_r}{\Delta p_j} \qquad (2\text{-}28)$$

式中：i——所需射流风机台数。

◆ 第3章 特长公路隧道施工通风方案实例

3.1 华蓥山特长公路隧道施工通风方案

3.1.1 工程概况

南充—大竹—梁平（川渝界）高速公路项目位于川东南充和达州市境内，是四川东向通江达海和陆路出川通道的重要组成部分，也是完善四川综合交通运输体系和成渝经济区区域高速公路网布局的需要。华蓥山隧道为南充—大竹—梁平（川渝界）高速公路A3设计合同段的特长隧道，按双向四车道80 km/h高速公路标准设计，采用分离式双洞布置，隧道长8159.5 m（平均），是南充—大竹—梁平（川渝界）高速公路重难点控制性工程之一。地勘资料也揭示，华蓥山隧道局部地层含有硫化氢（H_2S）等有毒有害气体，因此，华蓥山隧道是典型的瓦斯隧道。

1. 隧道规模

隧道进、出口分别位于渠县临巴镇杨家湾和大竹县田坝乡李家榜附近，左、右线最大埋深分别为577 m和604 m。左洞起止桩号为Z3K105+869～Z3K114+02，长8151 m；右线起止桩号为K105+869～K114+037，长8168 m。隧道共设车行横通道11个，人行横通道14个，车行横通道位置的隧道异侧设紧急停车带11处，紧急停车带长40 m，有效长30 m。

华蓥山隧道进口及出口均穿越煤系地层及采空区，为高瓦斯隧道。隧址区含煤地层为三叠系上统须家河组（T_3xj）及二叠系上统龙潭组（P_2l），其中二叠系上统龙潭组深埋地下（区内未出露），三叠系上统须家河组（T_3xj）为华蓥山隧道穿越的主要含煤地层。在煤系地层中进行隧道施工，面临的主要风险为瓦斯的积聚与爆炸，施工通风为预防瓦斯积聚与爆炸的主要手段。此外，地勘资料也揭示，华蓥山隧道局部地层含有H_2S等有毒有害气体，在施工过程中可能会威胁作业人员身体健康，施工通风也是解决该问题的主要手段。

左、右线隧道各设置一座竖井，其中左线竖井桩号为Z3K110+350，位于左线测设线左侧87.25 m处，井径7.5 m，井深464 m；右线竖井桩号K109+050，位于右线测设线右侧87.25 m处，井径8 m，井深394 m。

2. 隧道地质情况

隧址区位于四川盆地东部，横穿走向为北-北东向的华蓥山背斜北段，路线走向与越岭山脊走向近于直交。华蓥山为典型的梳状褶皱山地形。背斜成山，紧密狭窄；向斜成谷，宽广平缓，构造地貌明显。山岭陡峭，峰峦层叠，顶部灰岩（T_2l）经溶蚀成为槽谷，两侧砂岩（T_3xj）为脊，两者常组合成"一山两岭"或"一山三岭"形态。

隧道穿越地层主要有第四系全新统松散堆积层（Q_4），侏罗系中、下统自流井组（$J_{1-2}z$）、珍珠冲组（J_1z），三叠系上统须家河组（T_3xj）的非可溶岩，三叠系中、下统的雷口坡组（T_2l）及嘉陵江组（T_1j）的可溶岩，可溶的碳酸盐岩在隧址区出露较广。对施工通风影响较大的是隧道穿越的须家河组煤层瓦斯地段。在碳酸盐岩区段，局部可能含有天然气。

测区位于四川台拗褶皱带东北部，属新华夏系的次级沉降带。区域构造体系由一系列北东向不对称褶皱组成，一般南东翼陡，北西翼缓，轴面多扭曲。背斜成山较紧密，为长条梳状或箱状；向斜成谷开阔，组成隔挡式构造。隧道处于华蓥山背斜北段，主体构造为华蓥山背斜、区域断层（F_1）和各种次级褶皱、节理裂隙等。

3.1.2　施工通风计算

1. 工区划分及通风方式的选择

根据设计资料，华蓥山隧道进出口段左线ZK105+870~ZK106+880、ZK112+920~ZK114+020，右线K105+870~K106+870、K112+930～K114+040为高瓦斯工区，中间其他区域均为低瓦斯工区。按瓦斯含量的高低，华蓥山隧道的工区划分为：进口高瓦斯工区、进口低瓦斯工区、出口高瓦斯工区、出口低瓦斯工区，具体如表3-1、表3-2所示。

表3-1　进口工区里程划分

区段	瓦斯类型	通风方式	起点	终点	压入长度/m
一	高瓦斯	压入式	K105+870	K107+010	1040
二	低瓦斯	巷道式	K107+010	K107+630	620
三	低瓦斯	巷道式	K107+630	K108+290	650
四	低瓦斯	巷道式	K108+290	K109+040	750
五	低瓦斯	巷道式	K109+040	K109+740	700
六	低瓦斯	巷道式	K109+740	K110+040	300

表3-2　出口工区里程划分

区段	瓦斯类型	通风方式	起点	终点	压入长度/m
一	高瓦斯	压入式	K112+900	K114+040	1140
二	低瓦斯	巷道式	K112+350	K112+900	870
三	低瓦斯	巷道式	K111+750	K112+350	600
四	低瓦斯	巷道式	K111+000	K111+750	750
五	低瓦斯	巷道式	K110+340	K111+000	660
六	低瓦斯	巷道式	K110+040	K110+340	300

2. 需风量计算

开挖面需风量计算按照以下因素分别计算，取最大值作为配风标准的控制风量。

（1）按洞内工作面同时工作的最多人数计算风量。

作业面同时作业的最多人数按80人考虑，代入式（2-1）计算可得需风量为360 m^3/min。

（2）按爆破排烟需风量计算风量。

同时爆破炸药量取200 kg；隧道最大开挖断面积（m^2），正洞最大为78 m^2（Ⅲ级围岩处）。代入式（2-2）计算得爆破排烟需风量为1333 m^3/min。

（3）按稀释掌子面附近内燃机废气计算风量。

作业面区域范围内液压反铲1台，功率为125 kW；装载机1台，功率为165 kW；掌子面附近自卸汽车2台，功率为213 kW；掌子面附近内燃机总功率为716 kW。代入式

（2-5）计算得稀释掌子面附近内燃机废气风量为2030 m³/min。

（4）按隧道内最小瓦斯积聚风速计算风量。

隧道最小回风速度，高瓦斯隧道取1 m/s，低瓦斯隧道取0.5 m/s。隧道进、出口高瓦斯工区采用台阶法、全断面法等开挖方式，其中Ⅲ级围岩条件下的全断面开挖方式最大开挖面积为78.0 m²，故计算取为78.0 m²。代入式（2-6）计算可得高瓦斯工区需风量为4680 m³/min，低瓦斯工区需风量为2340 m³/min。

（5）按绝对瓦斯涌出量计算风量。

根据地质资料，华蓥山隧道进、出口段预测各含煤段施工绝对瓦斯涌出量均已超过0.5 m³/min，属高瓦斯工区。对于高瓦斯工区和瓦斯突出工区，其长度较大的独头坑道，应将开挖工作面风流中的瓦斯浓度稀释到0.5%以下。根据地勘资料，华蓥山隧道高瓦斯工区工作面瓦斯绝对涌出量，取最大值为2.782 m³/min，代入式（2-7）可得需风量为835 m³/min。

经过以上五种情况进行需风量计算，得到各工区需风量，如表3-3、表3-4所示。

表3-3　进口工区各区段需风量

工区	进口					
区段	一	二	三	四	五	六
独头最大通风长度/m	1070	680	710	810	760	360
按同时工作的最多人数计算的风量/（m³/min）	480	480	480	480	480	480
按高瓦斯工区最小风速计算的风量/（m³/min）	4680	—	—	—	—	—
按低瓦斯工区最小风速计算的风量/（m³/min）	—	2340	2340	2340	2340	2340
按爆破排烟计算的风量/（m³/min）	1333	1333	1333	1333	1333	1333
按绝对瓦斯涌出量计算的风量/（m³/min）	835	—	—	—	—	835
按稀释内燃机废气计算的风量/（m³/min）	2030	2030	2030	2030	2030	2030
最大需风量/（m³/min）	4680	2340	2340	2340	2340	2340

表3-4　出口工区各区段需风量

工区	出口					
区段	一	二	三	四	五	六
独头最大通风长度/m	1170	930	660	810	720	360
按同时工作的最多人数计算的风量/（m³/min）	480	480	480	480	480	480
按高瓦斯工区最小风速计算的风量/（m³/min）	4680	—	—	—	—	—
按低瓦斯工区最小风速计算的风量/（m³/min）	—	2340	2340	2340	2340	2340
按爆破排烟计算的风量/（m³/min）	1333	1333	1333	1333	1333	1333
按绝对瓦斯涌出量计算的风量/（m³/min）	835	—	—	—	—	835
按稀释内燃机废气计算的风量/（m³/min）	2030	2030	2030	2030	2030	2030
最大需风量/（m³/min）	4680	2340	2340	2340	2340	2340

3．风机供风量确定

华蓥山隧道进、出口工区采用ϕ1600 mm软风管，百米漏风率取0.01。进、出口工区的第一通风区段为高瓦斯区段，采用压入式通风；第二通风区段至第六通风区段为低瓦斯区段，采用巷道式通风。压入式风机的供风量应按最大需风量确定。风机供风量由式（2-8）和式（2-9）计算，结果见表3-5、表3-6。

表3-5　进口工区各区段风机供风量

工区	进口					
区段	一	二	三	四	五	六
独头通风长度/m	1070	680	710	810	760	360
需风量/（m³/min）	4680	2340	2340	2340	2340	2340
风机供风量/（m³/min）	2620 2620	2511	2519	2546	2532	2563

表3-6　出口工区各区段风机供风量

工区	出口					
区段	一	二	三	四	五	六
独头通风长度/m	1170	930	660	810	720	360
需风量/（m³/min）	4680	2340	2340	2340	2340	2340
风机供风量/（m³/min）	2620 2620	2580	2505	2546	2522	2563

4. 风筒阻力及设备选型

风筒阻力包括风筒的摩擦阻力和局部阻力。由式（2-22）计算得到进口区段最大风筒阻力为2932 Pa，出口区段最大风筒阻力为3219 Pa。

轴流风机的选择应当满足各个通风区段供风量及风压。压入式风机的数量由隧道进、出口工区的第一区段施工通风控制，进、出口工区各需配置6台压入式轴流风机，其中2台备用。全部工区共需配置12台轴流风机，其中4台备用。轴流风机选型：型号为SDFNO.14，风量为2113~4116 m³/min，风压为1078~6860 Pa，功率为2×160 kW。

采用巷道式通风时，进口工区右线为新鲜风进入通道，左线为污风排除通道；出口工区左线为新鲜风进入通道，右线为污风排出通道。

5. 隧道阻力及射流风机选型

在巷道式通风中，隧道内空气流动的动力主要由射流风机提供。射流风机提供的升压力需克服隧道的阻力包括隧道回风巷的通风阻力（沿程阻力）和横通道的通风阻力（局部阻力）等。两工区射流风机计算如表3-7、表3-8所示。

表3-7　进口区段风机供风量计算表

工区	进口					
区段	一	二	三	四	五	六
独头通风长度/m	1070	680	710	810	760	360
隧道通风长度/m	—	2080	4320	5420	6920	8320
隧道断面面积/m²	64	64	64	64	64	64

续表

工区	进口					
区段	一	二	三	四	五	六
隧道摩阻系数	0.025	0.025	0.025	0.025	0.025	0.025
单台射流风机升压力/Pa	9	9	9	9	9	9
风机台数/台	2	5	7	7	9	9

表3-8　出口区段风机供风量计算表

工区	出口					
区段	一	二	三	四	五	六
独头通风长度/m	1170	930	660	810	720	360
隧道通风长度/m	—	2340	4090	5290	6670	7990
隧道断面面积/m²	64	64	64	64	64	64
隧道摩阻系数	0.025	0.025	0.025	0.025	0.025	0.025
单台射流风机升压力/Pa	9	9	9	9	9	9
风机台数/台	2	5	7	7	9	9

选用ϕ1000 mm防爆型射流风机，功率为30 kW，进口工区9台，出口工区9台。风管选用ϕ1600 mm软风管，百米漏风率要求小于1%。

3.1.3　施工通风方案

1. 进口工区施工通风方案

（1）第一区段。

隧道左、右线均配置2台轴流风机、1台射流风机，采用压入式通风，如图3-1所示。轴流风机距洞口30 m，风管出口距掌子面4 m，以防止掌子面瓦斯聚集；局扇位于二衬台车前方20 m处，以防止粉尘、有害气体的聚集。1#人行横通门关闭，防止风流互窜。

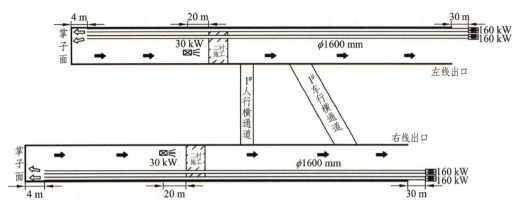

图3-1　进口工区第一区段通风方案

（2）第二区段。

隧道左、右线配置2台轴流风机，5台射流风机，采用巷道式通风，第二区段如图3-2所示。轴流风机距2#车行横通道30 m，风管出口距掌子面10 m；在左、右线二次衬砌模筑台车前方20 m处各布置1台局扇，2#车行横通道布置1台射流风机，2台1组射流风机置于距洞口100 m处。除2#车行横通道外，其他贯通的横通道均应封闭，以防止风流短路。

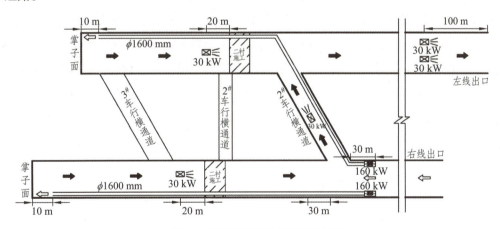

图3-2　进口工区第二区段通风方案

（3）第三至六区段。

第三至六区段全部采用巷道式通风。通过3#车行横通道后，进口工区进入第三区段，通风设备统一配置为：压入式轴流风机2台，局部射流风机7台，φ1600 mm软风管。布置方法：轴流风机置于3#车行横通道后方30 m处，风管前端距掌子面10 m；2台局扇分别置于左、右线二次衬砌模筑台车前方20 m处，以防止局部瓦斯聚集；2组4台射流风机置于距洞口100 m处，两组局扇间距为100 m；1台射流风机置于3#车行横通道处。除3#车行横通道外，其他贯通的横通道均应封闭，以防止风流短路。

通过4#车行横通道后，进口工区进入第四区段，通风设备统一配置为：压入式轴流风机2台，局部射流风机7台，φ1600 mm软风管。布置方法：轴流风机置于4#车行横通道后方30 m处，风管前端距掌子面10 m；2台局扇分别置于左右线二次衬砌模筑台车前方20 m处，以防止局部瓦斯聚集；2组4台射流风机置于距洞口100 m处，两组射流风机间距为100 m；1台射流风机置于4#车行横通道处。除4#车行横通道外，其他贯通的横通道均应封闭，以防止风流短路。

通过5#车行横通道后，进口工区进入第五区段，通风设备统一配置为：压入式轴流风机2台，局部射流风机9台，φ1600 mm软风管。布置方法：轴流风机置于5#车行横通道后方30 m处，风管前端距掌子面10 m；2台局扇分别置于左、右线衬砌模筑台车前方20 m处，以防止局部瓦斯聚集；3组6台射流风机置于距洞口100 m处，2组射流风机间距为100 m；1台射流风机置于5#车行横通道处。除5#车行横通道外，其他贯通的横通道均应封闭，以防止风流短路。

通过6#车行横通道后，进口工区进入第六区段，通风设备统一配置为：压入式轴流风机2台，局部射流风机9台，φ1600 mm软风管。布置方法：轴流风机置于6#车行横通道后方30 m处，风管前端距掌子面10 m；2台局扇分别置于左、右线衬砌模筑台车前方20 m处，以防止局部瓦斯聚集；3组6台射流风机置于距洞口100 m处，2组射流风机间距为100 m；1台射流风机置于5#车行横通道处。除6#车行横通道外，其他贯通的横通道均应封闭，以防止风流短路。

2．出口工区施工通风方案

（1）第一区段。

隧道左、右线均配置2台轴流风机、1台射流风机，φ1600 mm软风管，采用压入式通风，如图3-3所示。轴流风机距洞口30 m，风管出口距掌子面4 m，以防止掌子面瓦斯聚集；局扇位于二衬台车前方20 m处，以防止粉尘、有害气体的聚集。11#车行横通道、14#人行横通道关闭，防止风流互窜。高瓦斯工区采取不间断连续通风方式。

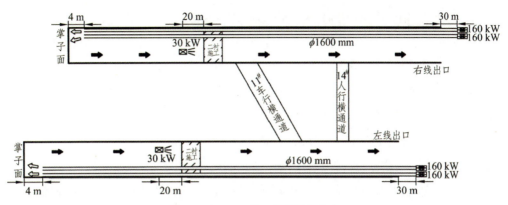

图3-3　出口工区第一区段通风方案

（2）第二区段。

隧道左、右线配置2台轴流风机，5台射流风机，采用巷道式通风，第二区段如图3-4所示。轴流风机距11#车行横通道30 m，风管出口距掌子面10 m；在左、右线二次衬砌模筑台车前方20 m处各布置1台局扇，11#车行横通道布置1台射流风机，2台1组射流风机置于距洞口100 m处。除11#车行横通道外，其他贯通的横通道均应封闭，以防止风流短路。

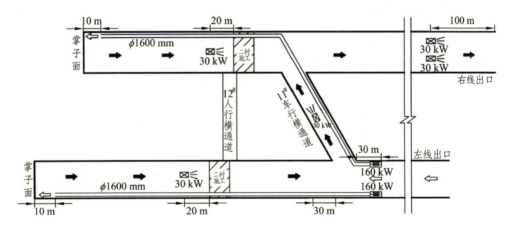

图3-4　出口工区第二区段通风方案

（3）第三至六区段。

第三至六区段全部采用巷道式通风。通过10#车行横通道后，出口工区进入第三区段，通风设备统一配置为：压入式轴流风机2台，局部射流风机7台，ϕ1600 mm软风管。布置方法：轴流风机置于10#车行横通道后方30 m处，风管前端距掌子面10 m；2台局扇分别置于左、右线二次衬砌模筑台车前方20 m处，以防止局部瓦斯聚集；2组4台射流风机置于距洞口100 m处，两组局扇间距为100 m；1台射流风机置于10#车行横通道处。除10#车行横通道外，其他贯通的横通道均应封闭，以防止风流短路。

通过9#车行横通道后，进口工区进入第四区段，通风设备统一配置为：压入式轴流风机2台，局部射流风机7台，φ1600 mm软风管。布置方法：轴流风机置于9#车行横通道后方30 m处，风管前端距掌子面10 m；2台局扇分别置于左右线二次衬砌模筑台车前方20 m处，以防止局部瓦斯聚集；2组4台射流风机置于距洞口100 m处，2组射流风机间距为100 m；1台射流风机置于9#车行横通道处。除9#车行横通道外，其他贯通的横通道均应封闭，以防止风流短路。

通过8#车行横通道后，进口工区进入第五区段，通风设备统一配置为：压入式轴流风机2台，局部射流风机9台，φ1600 mm软风管。布置方法：轴流风机置于8#车行横通道后方30 m处，风管前端距掌子面10 m；2台局扇分别置于左、右线衬砌模筑台车前方20 m处，以防止局部瓦斯聚集；3组6台射流风机置于距洞口100 m处，2组射流风机间距为100 m；1台射流风机置于8#车行横通道处。除8#车行横通道外，其他贯通的横通道均应封闭，以防止风流短路。

通过7#车行横通道后，进口工区进入第六区段，通风设备统一配置为：压入式轴流风机2台，局部射流风机9台，φ1600 mm软风管。布置方法：轴流风机置于7#车行横通道后方30 m处，风管前端距掌子面10 m；2台局扇分别置于左、右线衬砌模筑台车前方20 m处，以防止局部瓦斯聚集；3组6台射流风机置于距洞口100 m处，2组射流风机间距为100 m；1台射流风机置于7#车行横通道处。除7#车行横通道外，其他贯通的横通道均应封闭，以防止风流短路。

3.2 米仓山超特长公路隧道施工通风方案

3.2.1 米仓山隧道概况

巴陕高速是四川省《西部综合交通枢纽建设规划》中成都至巴中至川陕界高速公路中的一段，和广陕高速、达陕高速一起"三箭齐发"，构建起四川北向出川的三条高速公路通道。米仓山隧道是巴陕高速中的控制性项目，从米仓山国家森林公园的玉泉、大坝国有林场地下穿"场"而过。米仓山隧道全长13.8 km，其中陕西境内约3 km，四川境内约10.8 km，是四川省最长的公路隧道，也是国内第二长的高速公路隧道。米仓山隧道设计为双线分离式隧道，公路等级为四车道高速公路，隧道设计速度为80 km/h，隧道路面横坡直线段为2%，超高不大于4%。隧道内最大纵坡为3%，最小纵坡为0.3%。因为长度过大及地质条件复杂，其建设施工难度堪称全国第一。

米仓山隧道为左右行分离的特长公路隧道，位于巴陕高速公路川陕交界位置，进口位于陕西省汉中市南郑县小南海镇小坝，出口位于四川省巴中市南江县关坝乡，隧道总规模见表3-9。

表3-9　米仓山隧道总规模

序号	隧道名称		起止桩号	隧道长度/m
1	米仓山隧道主洞	左线	ZK39+699～ZK53+532	13833
		右线	K39+734～K53+526	13792
2	汉中端斜井 （地面风机房）	左线	XZK0+00～XZK1+886	1886（i=14.53%）
		右线	XK0+000～XK1+860	1860（i=15.05%）
3	巴中端斜井 （地面风机房）	左线	XZK0+00～XZK1+582	1582（i=15.04%）
		右线	XK0+000～XK1+580	1580（i=14.70%）
4	竖井 （地下风机房）	—	排风竖井	435 m（二合一）
		—	送风竖井	

注：① 汉中端简称为进口端，巴中端简称为出口端；
　　② 米仓山隧道主洞其中ZK39+699～ZK42+630（2931 m），K39+734～K42+640（2906 m）位于陕西。

米仓山隧道穿越米仓山国家森林公园，地形具有"一山两岭夹一谷"特点，隧道最大埋深约1000 m，中部谷地埋深约430 m。进口段前段岩性以砂泥岩碎屑沉积岩为主，进口段后段岩性以白云岩的碳酸岩类为主，出口段主要为闪长岩的火成岩，纵断面如图3-5所示。竖井位于隧道的中部大坝景区内，主要穿越闪长岩，为坚硬岩石。

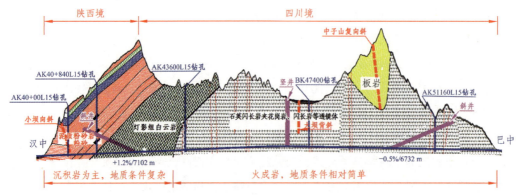

图3-5　米仓山隧道地形和地质简图

　　隧址区穿越、揭露的地层主要有第四系全新统松散堆积层（Q_4），古生界寒武系中统陡坡寺组、下统石龙洞组、下统石牌组，元古界震旦系下统灯影组，晚元古界上两组、东方沟组和晋宁期岩浆岩。米仓山隧道主洞围岩级别占比如表3-10所示，以Ⅲ级围岩为主。

表3-10　隧道围岩级别统计表

长度/m	围岩级别比例/%			
	V	Ⅳ	Ⅲ	Ⅱ
13833	11.32	11.33	58.09	19.26

3.2.2　施工通风计算

　　下面以米仓山隧道出口段为例进行施工通风计算。考虑到米仓山隧道施工期间通风距离、需风量、通风效率等因素，以及通风技术和通风设备都有了一定的发展的现状，在第一个车行横通道贯通前采用管道独头压入式通风，巷道式通风在具有横通道连通的平行双洞施工条件下采用。平行双洞施工能形成右线进新鲜风、左线排出污风的通风系统，为尽量实现污风和新鲜风的完全分离，要求运输车辆均从左线进出，从而保证轴流风机始终处在新鲜风区。

1. 工区划分

　　结合出口段平面示意图（图3-6），以及隧址区的地层岩性、地形、施工设备等具体因素，将米仓山隧道出口端主洞施工通风区域划分为三个工区：

第Ⅰ工区：洞口至斜井与主洞交汇处（3#洞内联络道），主要解决斜井贯通前的主洞通风问题。根据车行横通道（或3#洞内联络道）位置，从洞口起依次将其划分为5个区段。

第Ⅱ工区：斜井与主洞交汇处至竖井与主洞交汇处（2#洞内联络道），主要解决斜井启用后至竖井贯通前的主洞通风问题，共划分为5个区段。

第Ⅲ工区：竖井与主洞交汇处至合同终点里程处，主要解决竖井贯通后的主洞通风问题，共1个区段。

工区及区段的划分具体见表3-11。

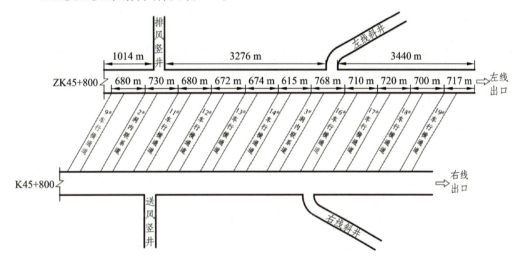

图3-6　米仓山隧道出口段平面示意图

表3-11　工区及区段里程划分

工区	区段	通风方式	左线起止点	右线起止点	通风距离/m
Ⅰ	一	压入式	ZK53+532~ZK52+815	K53+526~K52+800	726
	二	巷道式	ZK52+815~ZK52+115	K52+800~K52+100	700
	三	巷道式	ZK52+115~ZK51+395	K52+100~K51+380	720
	四	巷道式	ZK51+395~ZK50+685	K51+380~K50+670	710
	五	巷道式	ZK50+685~ZK49+917	K50+670~K49+900	768

续表

工区	区段	通风方式	左线起止点	右线起止点	通风距离/m
Ⅱ	一	巷道式	ZK49+917~ZK49+302	K49+900~K49+290	615
	二	巷道式	ZK49+302~ZK48+628	K49+290~K48+620	674
	三	巷道式	ZK48+628~ZK47+956	K48+620~K47+950	672
	四	巷道式	ZK47+956~ZK47+276	K47+950~K47+270	680
	五	巷道式	ZK47+276~ZK46+546	K47+270~K46+540	730
Ⅲ	一	巷道式	ZK46+546~ZK45+800	K46+540~K45+800	746

2. 需风量计算

米仓山隧道需风量计算分为以下四种情况，取最大值作为配风标准的控制风量。

（1）按洞内工作面同时工作的最多人数计算风量。

作业面同时作业的最多人数按80人计算，代入式（2-1）计算得洞内作业人员需风量为360 m³/min。

（2）按爆破排烟需风量计算风量。

同时爆破炸药量取200 kg；隧道最大开挖断面积（m²），正洞为85 m²。代入式（2-2）计算得爆破排烟需风量为1780 m³/min。

（3）按稀释掌子面附近内燃机废气计算风量。

作业面附近液压反铲1台，功率为125 kW；装载机1台，功率为165 kW；掌子面附近自卸汽车1台，功率为213 kW；掌子面附近内燃机总功率为503 kW。代入式（2-5）计算得稀释掌子面附近内燃机废气风量为1426 m³/min。

（4）按允许最低风速计算风量。

由于隧道围岩等级较高，普遍为中硬岩、硬岩，爆破后会产生大量粉尘，考虑到风速小于0.5 m/s时，粉尘会逆风扩散，因此取最低允许风速为0.5 m/s。代入式（2-6）计算得最小风速需风量为2700 m³/min。

比较需风量计算的四种情况，取最大值作为配风标准的控制风量，即2700 m³/min。

3. 风机供风量确定

在米仓山隧道中，采用φ1500 mm的软风管，百米漏风率取1%。主洞划分的区段最长风管通风距离为768 m，但考虑到工程实际情况及通风能力冗余，主洞风管的最长通风距离按1500 m考虑。代入式（2-8）和式（2-9）计算得到主洞风机供风量应为3176 m³/min。

4. 风筒阻力及轴流风机选型

风筒阻力包括风筒的摩擦阻力和局部阻力。

摩擦阻力可由式（2-17）计算，其中摩擦阻力系数主要由风管厂家提供，米仓山隧道采用的ϕ1500 mm的软风管摩擦阻力系数为0.0027。

局部阻力的计算需要根据实际情况查表得出局部阻力系数，然后用相应的风速和断面面积计算即可。由于局部损失的形式多样，局部流场也很复杂，在条件允许下，局部阻力系数的取值应由试验确定。

根据摩擦阻力与局部阻力计算公式，可得到风管总阻力，进而计算压入式轴流风机的全压力。设备选型如下：各工区区段（包括斜井区段）需配置2台轴流风机；轴流风机型号为SDFNO.14，风量为2113~4116 m³/min，风压为1078~6860 Pa，功率为160 kW；风管选用ϕ1500 mm软风管，百米漏风率要求小于1%。

5. 隧道阻力及射流风机选型

在巷道式通风中，巷道内空气的流动是由射流风机升压来实现的，因而需要配置射流风机来克服隧道内空气流动的阻力。隧道阻力包括隧道回风巷的通风阻力和横通道的通风阻力。隧道回风巷阻力包括沿程阻力和隧道进口局部阻力。米仓山隧道选用ϕ1000 mm射流风机，型号为SDS-112T-4PD5，功率为30 kW。射流风机的计算与配置如表3-12、表3-13所示。

表3-12 第Ⅰ工区各区段射流风机计算结果

工区	Ⅰ				
区段	一	二	三	四	五
隧道通风长度/m	726	1380	2780	4220	5640
隧道平均风速/（m/s）	1.8	1.8	1.8	1.8	1.8
单台风机升压力/Pa	9	9	9	9	9

工区	I				
区段	一	二	三	四	五
阻力损失/Pa	5.02	11.45	18.87	26.51	34.03
理论风机台数/台	1	2	3	3	4
实际风机台数/台	2	3	3	3	5

表3-13　第Ⅱ、Ⅲ工区各区段射流风机计算结果

工区	Ⅱ					Ⅲ
区段	一	二	三	四	五	一
隧道通风长度/m	3160	5160	6460	7760	9060	10360
隧道平均风速/（m/s）	1.8	1.8	1.8	1.8	1.8	1.8
单台风机升压力/Pa	9	9	9	9	9	9
阻力损失/Pa	20.89	31.49	38.38	45.27	52.16	59.05
理论风机台数/台	3	4	5	6	6	7
实际风机台数/台	3	5	5	7	7	7

3.2.3　主洞施工通风方案

1. 第Ⅰ工区施工通风方案

（1）第一区段。

隧道左、右线均配置1台轴流风机、1台射流风机，采用压入式通风，如图3-7所示。轴流风机距洞口30 m，风管出口距掌子面15 m，局扇位于二衬台车前方20 m处，以防止粉尘、有害气体的聚集。

（2）第二至四区段。

隧道左、右线配置2台轴流风机，3台射流风机，采用巷道式通风，如图3-8所示。轴流风机距19#车行横通道30 m，风管出口距掌子面15 m；在左、右线二次衬砌模筑台车前方20 m处各布置1台局扇，19#车行横通道布置1台射流风机。其他贯通的横通道均应封闭，以防止风流短路。

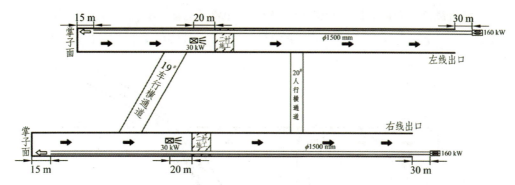

图3-7 第Ⅰ工区第一区段通风方案

第三、四区段连接左右线的横通道分别为18#、17#车行横通道，风机配置、通风方式与第二区段完全相同。

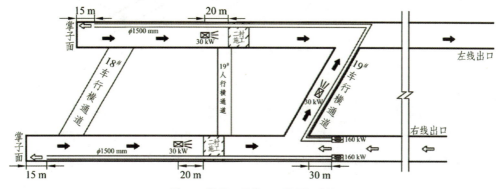

图3-8 第Ⅰ工区第二区段通风方案

（3）第五区段。

隧道左、右线配置2台轴流风机，5台射流风机，采用巷道式通风。轴流风机距16#车行横通道30 m，风管出口距掌子面15 m；在左、右线二次衬砌模筑台车前方20 m处各布置1台局扇，16#车行横通道布置1台射流风机，距洞口100 m处左、右线各布置1台射流风机。其他贯通的横通道均应封闭，以防止风流短路。

2. 第Ⅱ工区施工通风方案

（1）第一区段。

隧道左、右线配置2台压入式轴流风机，3台射流风机，采取巷道式通风，如图3-9

所示。轴流风机距3#洞内联系道30 m，风管出口距掌子面15 m，左、右线二次衬砌模筑台车前方20 m处各布置1台局扇。其他贯通的横通道均应封闭，以防止风流短路。

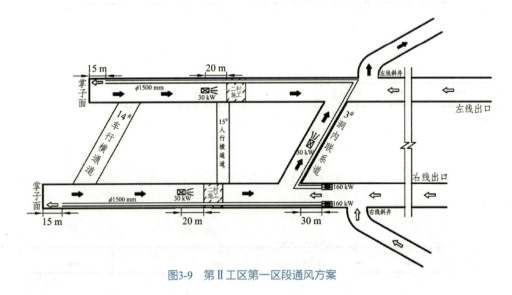

图3-9　第Ⅱ工区第一区段通风方案

（2）第二、三区段。

14#车行横通道贯通后，进入第二区段，隧道左、右线配置2台压入式轴流风机，5台射流风机。轴流风机距14#车行横通道30 m，风管出口距掌子面15 m；在左、右线二次衬砌模筑台车前方20 m处各布置1台局扇，隧道内左、右线斜井口处各布置1台射流风机。其他贯通的横通道均应封闭，以防止风流短路。

第三区段连接左右线的横通道为13#车行横通道，风机配置、通风方式与第二区段完全相同。

（3）第四、五区段。

12#车行横通道贯通后，进入第四区段，隧道左、右线配置2台压入式轴流风机，7台射流风机。轴流风机距12#车行横通道30 m，风管出口距掌子面15 m；在左、右线二次衬砌模筑台车前方20 m处各布置1台局扇，12#车行横通道布置1台射流风机，隧道内左、右线斜井口处各布置1台射流风机，距斜井洞口100 m处布置1台射流风机。其他贯通的横通道均应封闭，以防止风流短路。

第五区段连接左右线的横通道为11#车行横通道，风机配置、通风方式与第四区段完全相同。

3．第Ⅲ工区施工通风方案

2#洞内联系道及竖井贯通后，进入第Ⅲ工区。隧道左、右线配置2台压入式轴流风机，7台射流风机，采用巷道式通风，如图3-10所示。轴流风机距2#洞内联系道30 m，风管出口距掌子面15 m；在左、右线二次衬砌模筑台车前方20 m处各布置1台局扇，2#洞内联系道布置1台射流风机，隧道内左、右线斜井口、竖井口处各布置1台射流风机。其他贯通的横通道均应封闭，以防止风流短路。

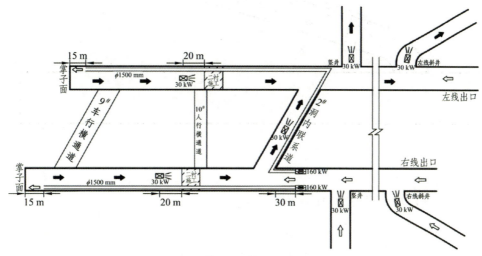

图3-10　第Ⅱ工区第六区段通风方案

3.2.4　斜井区段施工通风方案

为保证隧道施工及运营时的良好通风，米仓山隧道共设4座斜井，斜井的掘进为独头掘进施工，未设辅助坑道施工。因此，斜井施工时均采用风管压入式通风。现以出口段左线斜井来说明斜井施工通风方案。

斜井的通风计算与主洞的通风计算相同，最大需风量仍以允许最低风速来计算风量，为2700 m^3/min，斜井最长通风距离为1582 m，风机供风量应为3207 m^3/min，经过风筒阻力及隧道阻力的计算，得到斜井施工需要1台轴流风机，型号为SDFNO.14，风量为2113~4116 m^3/min，风压为1078~6860 Pa，功率为160 kW；选用ϕ1500 mm软风管，百米漏风率要求小于1%；需要1台ϕ1000 mm射流风机，型号为SDS-112T-4PD5，功率为30 kW。

隧道斜井开挖，采用压入式通风，如图3-11所示。斜井内配置1台压入式轴流风机、1台射流风机。轴流风机距斜井洞口30 m，风管出口距掌子面15 m，局扇位于二次衬砌模筑台车前方20 m处，以防止粉尘、有害气体的聚集。

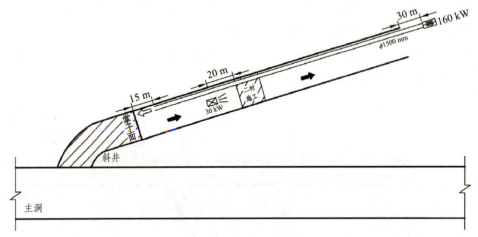

图3-11　斜井区段通风方案

3.2.5　竖井区段施工通风方案

米仓山隧道中部竖井深431.39 m，直径9.0 m，采用自上而下钻爆法正井开挖，轻型机械化设备配套，洞口搭设提升井架，使用提升机垂直提升运输洞渣及其他材料。竖井井筒掘砌作业方式采用长段单行作业法，井筒打眼爆破后，通风、出渣提升、衬砌施作，所有作业都是平行作业。竖井的掘进为单洞独头掘进，因此，施工通风采用风管压入式通风。

竖井的通风计算：最大需风量仍以允许最低风速来计算风量，为2700 m³/min，竖井最长通风距离为431.39 m，风机供风量应为2822 m³/min，经过风筒阻力的计算，得到斜井施工需要1台轴流风机，型号为SDFNO.14，风量为2113~4116 m³/min，风压为1078~6860 Pa，功率为160 kW；选用ϕ1500 mm软风管，百米漏风率要求小于1%。

隧道竖井开挖，采用压入式通风，如图3-12所示。在地面配置1台压入式轴流风机，轴流风机距竖井洞口30 m，风管出口距掌子面15 m，将粉尘、有害气体压出竖井。

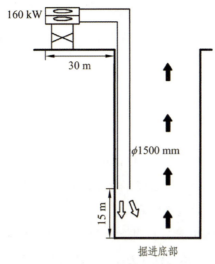

图3-12　竖井区段通风方案

3.2.6　通风效果

对米仓山隧道施工期间的通风数据进行检测，测试现场如图3-13所示。检测结果如下：隧道内平均风速在0.5 m/s以上，一氧化碳（CO）浓度在25 mg/m³以下，粉尘浓度能控制在2 mg/m³以下，平均温度在22 ℃左右，通风效果比较理想，提供了一个良好的施工作业环境，保证了作业人员的安全及健康，能实现安全快速施工。

（a）现场测试

（b）通风效果

图3-13　通风效果现场测试

3.3　宝鼎2号公路隧道施工通风方案

3.3.1　工程概况

攀大（攀枝花至大理）高速公路是《四川省高速公路网规划（2011年调整方案）》中新增的一条重要的南下出川纵向通道，它将连接国家高速公路网杭瑞高速公路（G56），成为四川经云南连接东盟地区的最便捷快速的通道。该项目的建设对完善攀枝花市西南向的过境高速公路路网连接、带动沿线经济发展、促进攀西地区旅游事业和矿产资源开发利用均具有十分重要意义。

宝鼎2号隧道左洞长8870 m，右洞长8860 m，是攀大高速公路的控制性工程，也是重点、难点之一。宝鼎2号隧道设计为双洞分离式四车道高速公路隧道，设计速度为80 km/h。

隧道纵断面如图3-14所示，隧道最大埋深645 m，进口端约1.98 km为高瓦斯地段，其余地段为低瓦斯段。高瓦斯开挖地段主要为Ⅳ级、Ⅴ级围岩，均采用上下台阶法开挖，开挖断面大，对施工通风提出了很高的要求。

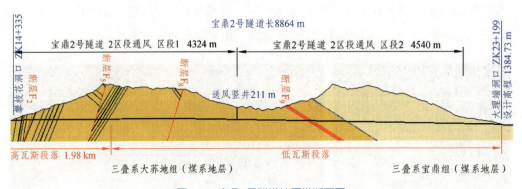

图3-14　宝鼎2号隧道地质纵断面图

隧址区总体属低中山—中山区构造剥蚀地貌。隧道穿前进镇与太平乡之间的山脊，该山脊总体走向约N24°，线路穿越山脊最高点地面高程为2530.9 m（白岩子山）。山脊两侧山地斜坡地形坡度一般为25°～35°，局部陡峭，可达45°～55°。隧址区高程为1320～2530.9 m，相对高差约1210.9m。微地貌主要受地层岩性及地质构造控制，斜坡上冲沟发育，多呈"V"字形，皆为季节性流水，雨季受大气降水补给，冲沟有水，旱季时则无水。隧址区主要为山地斜坡地形，沟谷地形发育，隧址区有两条较大的冲沟。

隧道最大埋深645 m，洞身依次穿过三叠系上统大荞地组、宝鼎组下段、上段地层，岩性变化较大，洞身围岩含有软岩—极软岩（粉砂质泥岩、细砂岩、砾岩、煤层等）—较坚硬岩（巨厚层巨砾岩夹砂岩），穿越段地质构造较为复杂，围岩岩石具有矿物成分、结构、构造、强度差异极大的特点。

宝鼎2号隧道穿越大荞地组及宝鼎组均为含煤地层，大荞地组含煤多达132层，可开采煤层达73层，其中隧道穿越段煤层数量有12层，为高瓦斯段落，其余段落为低瓦斯段。

3.3.2　施工通风计算

1. 通风方式选择及工区划分

宝鼎2号隧道长约9 km，本次施工方案范围为从洞口至洞内4.43 km。考虑到隧道比较长，目前国内隧道大多开辟辅助坑道实现多个作业面同时施工，并利用既有的施工辅助坑道作为通风道，以缩短独头通风管道长度。由于宝鼎2号隧道为高瓦斯隧道，且是公路隧道，左右线通过车行横通道相连接，为保证通风效果，宝鼎2号隧道施工通风方式选择为压入式通风和射流巷道式通风相结合的方式。

射流巷道式通风是利用射流风机的增压作用，在平行双洞和横通道组成的通道中形成主风流，使新鲜空气从一个洞进入，流进横通道时，通过送风管道将新鲜空气送到工作面，污浊空气从工作面流回横通道，再从另一个洞流出。这种通风方式不需要很长的送风管道，减小了通风阻力，降低了能耗，同时也减少了总供风量。该技术目前在双洞隧道和设平导的单洞隧道施工中被广泛采用。

根据横通道的位置，宝鼎2号隧道工区里程划分如表3-14、图3-15所示。

表3-14　宝鼎2号隧道工区划分

工区		里程	位置	通风方式	瓦斯情况	通风风管长度
第Ⅰ工区	右洞	K14+360（进口）～K15+020	洞口—第一车行横通道	独头压入式通风	高瓦斯	右680左694
	左洞	ZK14+335（进口）～ZK15+009				

续表

工区		里程	位置	通风方式	瓦斯情况	通风风管长度
第Ⅱ工区	右洞	K15+020~K15+700	第一车行横通道—第二车行横通道	巷道式通风	高瓦斯	右710
	左洞	ZK15+009~ZK15+688				左749
第Ⅲ工区	右洞	K15+700~K16+380	第二车行横通道—第三车行横通道	巷道式通风	高瓦斯	右710
	左洞	ZK15+688~ZK16+368				左750
第Ⅳ工区	右洞	K16+380~K17+060	第三车行横通道 第四车行横通道	巷道式通风	低瓦斯	右711
	左洞	ZK16+368~ZK17+049				左751
第Ⅴ工区	右洞	K17+060~K17+740	第四车行横通道—第五车行横通道	巷道式通风	低瓦斯	右710
	左洞	ZK17+049~ZK17+732				左754
第Ⅵ工区	右洞	K17+740~K18+500	第五车行横通道—第六车行横通道	巷道式通风	低瓦斯	右770
	左洞	ZK17+732~ZK18+496				左835
第Ⅶ工区	右洞	K18+500~K18+990	第六车行横通道—施工末端	巷道式通风	低瓦斯	右520
	左洞	ZK18+496~ZK18+967				左542

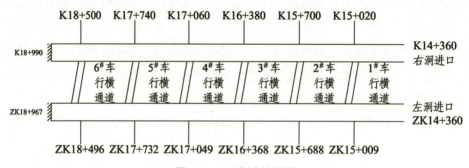

图3-15　工区划分示意图

2. 需风量计算

开挖面需风量计算按照以下因素分别计算，取最大值作为配风标准的控制风量。具体按各因素计算结果如下：

（1）按洞内工作面同时工作的最多人数计算。

作业面同时作业的最多人数按80人考虑，备用系数取1.45，代入式（2-1）计算可得需风量为116 m^3/min。

（2）按隧道内风速计算。

对于低瓦斯地段，最低风速应为0.5 m/s，按式（2-6）计算：

Ⅴ级围岩，初衬后断面面积为97.78 m^2，最小风量为2933.4 m^3/min；Ⅳ级围岩，初衬后断面面积为93.19 m^2，最小风量为2795.6 m^3/min。

对于高瓦斯地段，最低风速应为1 m/s，按式（2-6）计算：

Ⅴ级围岩，初衬后断面面积为97.78 m^2，最小风量为5866.8 m^3/min；Ⅳ级围岩，初衬后断面面积为93.19 m^2，最小风量为5591.4 m^3/min。

（3）爆破排烟需风量计算。

通风时间取30 min，同时爆破炸药量取250 kg；每公斤炸药产生的CO当量取40 L/kg，代入式（2-2）计算得到宝鼎2号隧道各工区爆破排烟需风量，如表3-15所示。

表3-15　宝鼎2号隧道各工区爆破排烟需风量

工区	爆破排烟需风量/（m^3/min）
第Ⅰ工区	1242
第Ⅱ工区	1240
第Ⅲ工区	1240
第Ⅳ工区	1240
第Ⅴ工区	1240
第Ⅵ工区	1233
第Ⅶ工区	1259

（4）无轨运输洞内需风量计算。

无轨运输方式的洞内需风量应对内燃设备排放的尾气进行稀释，其需风量还应考虑稀释尾气的情况。内燃机的废气排放量与耗油量和燃烧状况有关，车辆负荷大，耗油量就大。当燃烧充分时，污染物排放少；燃烧条件不好时，燃烧不充分，污染物排放量升高。

目前，无轨运输施工需风量计算一般均采用单位功率的需风量指标法，这种方法实质是根据在浓度稀释法经验总结的基础上所得到的扩大指标数据来进行计算的。稀释和排出废气一般按照3 m³/（kW·min）的计算标准，一般在平原地区都能够达到比较好的通风效果，由于该隧道海拔高度在1500 m左右，因此应按照CO海拔高度系数 f_h 进行修正，$f_h=1+(h-400)/1800$，修正后稀释和排出废气的标准为4.8 m³/(kW·min)。

另外，根据《非道路移动污染源排放清单编制技术指南》，适用于该隧道内燃机的排放因子为5 g/(kW·h)，为达到该地区CO的浓度限值（30 mg/m³），每千瓦每分钟的通风量应该不小于2.8 m³，按照CO海拔高度系数 f_h 进行修正，$f_h=1+(h-400)/1800$，修正后稀释和排出废气的标准为4.5 m³/(kW·min)。

而《金属非金属矿山安全规程》规定，按同时作业机台数每千瓦每分钟供风量4 m³计算。

通过比较上述三种计算标准，参考我国车辆的实际情况，供风标准取为每千瓦额定功率4.5 m³/(kW·min)。

作业面区域范围挖掘机1台，功率为140 kW；装载机2台，功率为162 kW；自卸汽车掌子面附近2台，功率为247 kW；混凝土搅拌车1台，功率为247 kW。掌子面附近内燃机总功率为1205 kW。

无轨运输方式的洞内需风量计算方式：

$$Q_内=H·q·k \tag{3-1}$$

式中：H——内燃机械总功（kW）；

q——内燃机械单位功率供风量，取4.5 m³/(kW·min)。

k——功率系数，取0.63。

各工区掌子面附近的内燃机作业需风量为3416.2 m³/min。

根据隧道各工区划分及地质情况，分别计算了各工区各区段的需风量，如表3-16所示。

表3-16　宝鼎2号隧道各工区施工需风量

工区	第Ⅰ工区	第Ⅱ工区	第Ⅲ工区	第Ⅳ工区	第Ⅴ工区	第Ⅵ工区	第Ⅶ工区
最大风管通风长度/m	右680 左694	右710 左749	右710 左750	右711 左751	右710 左754	右770 左835	右520 左542

续表

工区	第Ⅰ工区	第Ⅱ工区	第Ⅲ工区	第Ⅳ工区	第Ⅴ工区	第Ⅵ工区	第Ⅶ工区
按工作面同时工作最大人数计算需风量/（m³/min）	116	116	116	116	116	116	116
按最小风速计算需风量/（m³/min）	5866.8	5866.8	5866.8	2933.4	2933.4	2933.4	2933.4
按爆破排烟计算需风量/（m³/min）	1242	1240	1240	1240	1240	1233	1257
无轨运输需风量/（m³/min）	3416.2	3416.2	3416.2	3416.2	3416.2	3416.2	3416.2
最大需风量/（m³/min）	5866.8	5866.8	5866.8	3416.2	3416.2	3416.2	3416.2

3．风机供风量的确定

宝鼎2号隧道第Ⅰ工区采用独头压入式通风，其他工区均采用巷道式通风，压入式风机的供风量应按表3-16中工作面人数、最小风速、一次爆破炸药量，以及掌子面作业区域范围内稀释内燃机车需风量计算的最大风量确定，隧道里的风速则由表3-16中人数、最佳排尘风速、一次爆破炸药量及无轨运输计算的最大风速确定。风机供风量由式（2-8）和式（2-9）计算，结果见表3-17。

表3-17　宝鼎2号隧道各工区风机供风量

工区	第Ⅰ工区	第Ⅱ工区	第Ⅲ工区	第Ⅳ工区	第Ⅴ工区	第Ⅵ工区	第Ⅶ工区
最大通风长度（风管）/m	右680 左694	右710 左749	右710 左750	右711 左751	右710 左754	右770 左835	右520 左542
风机供风量/（m³/min）	右6302 左6338	右6316 左6342	右6315 左6342	右3677 左3694	右3677 左3695	右3709 左3727	右3604 左3612

4．风筒阻力计算

风筒阻力包括风筒的摩擦阻力和局部阻力。由式（2-22）计算得到通风管的阻力，如表3-18所示。

拉链软风筒具有接头不脱落、阻力小、漏风少、筒体强度高、阻燃、重度轻、体积小、安装简便、省力省时等特点，适用于铁路隧道、公路隧道、水路隧洞、冶金矿井及城市地铁的压入式和以排为主的混合式通风，建议采用该类型风筒进行施工通风。

考虑到高瓦斯地段隧道需风量大，风机供风量大以及出渣便易的需求，提出在高瓦斯地段每个隧道采用两个小风管（φ1600），在低瓦斯地段每个隧道采用一个小风管（φ1600）的通风方案。

表3-18　宝鼎2号隧道各工区风管（φ1600）阻力计算结果

工区	第Ⅰ工区	第Ⅱ工区	第Ⅲ工区	第Ⅳ工区	第Ⅴ工区	第Ⅵ工区	第Ⅶ工区
最大通风长度（风管）/m	右680 左694	右710 左749	右710 左750	右711 左751	右710 左754	右770 左835	右520 左542
风管直径/mm	φ1600	φ1600	φ1600	φ1600	φ1600	φ1600	φ1600
风管数量	双管	双管	双管	单管	单管	单管	单管
单台风机供风量/（m³/min）	右3151 左3169	右3158 左3171	右3158 左3171	右3677 左3694	右3677 左3695	右3709 左3727	右3604 左3612
每管风筒风阻R/（kg/m⁷）	右0.534 左0.584	右0.550 左0.775	右0.550 左0.776	右0.550 左0.777	右0.550 左0.779	右0.612 左0.843	右0.401 左0.613
每管阻力损失/Pa	右1371 左1509	右1415 左2004	右1415 左2006	右1918 左2724	右1918 左2733	右2156 左2982	右1370 左2101

5. 隧道阻力及射流风机计算

隧道通风阻力的计算与风管阻力计算相同，隧道通风阻力由隧道的摩擦风阻和局部风阻构成。隧道阻力计算结果如表3-19所示。

表3-19　宝鼎2号隧道阻力计算结果

工区	第Ⅰ工区	第Ⅱ工区	第Ⅲ工区	第Ⅳ工区	第Ⅴ工区	第Ⅵ工区	第Ⅶ工区
最大通风长度/m	右680 左694	右710 左749	右710 左750	右711 左751	右710 左754	右770 左835	右520 左542
隧道通风阻力/Pa	右4.08 左4.16	右26.36 左20.84	右45.82 左37.62	右22.14 左18.47	右28.75 左24.17	右36.09 左30.07	右40.73 左35.86

隧道采用（B）SSF10.0K-4P/30型号的防爆型射流风机，射流风机提供的升压力需克服隧道的阻力，包括隧道回风巷的通风阻力（沿程阻力）和横通道的通风阻力（局部阻力）等。

计算出各通风区段所需射流风机台数，如表3-20所示。

表3-20 宝鼎2号隧道射流风机计算结果

工区	第Ⅰ工区	第Ⅱ工区	第Ⅲ工区	第Ⅳ工区	第Ⅴ工区	第Ⅵ工区	第Ⅶ工区
隧道通风阻力/Pa	右4.08 左4.16	右26.36 左20.84	右45.82 左37.62	右22.14 左18.47	右28.75 左24.17	右36.09 左30.07	右40.73 左35.86
单台射流风机升压力/Pa	12.71	12.71	12.71	12.71	12.71	12.71	12.71
射流风机台数/台	右1 左1	右：掌子面1台，洞口与距掌子面最近的车行横通道之间2台； 左：掌子面1台，洞口与距掌子面最近的车行横通道之间2台； 车行横通道1台	右：掌子面1台，洞口与距掌子面最近的车行横通道之间4台； 左：掌子面1台，洞口与距掌子面最近的车行横通道之间4台； 车行横通道1台	右：掌子面1台，洞口与距掌子面最近的车行横通道之间2台； 左：掌子面1台，洞口与距掌子面最近的车行横通道之间2台； 车行横通道1台	右：掌子面1台，洞口与距掌子面最近的车行横通道之间3台； 左：掌子面1台，洞口与距掌子面最近的车行横通道之间3台； 车行横通道1台	右：掌子面1台，洞口与距掌子面最近的车行横通道之间3台； 左：掌子面1台，洞口与距掌子面最近的车行横通道之间3台； 车行横通道1台	右：掌子面1台，洞口与距掌子面最近的车行横通道之间4台； 左：掌子面1台，洞口与距掌子面最近的车行横通道之间4台； 车行横通道1台

3.3.3 施工通风方案

1. 第Ⅰ工区

第Ⅰ工区按高瓦斯隧道设计，通风方案如图3-16所示。通风设备配置包括：压入式轴流风机左右洞各2台，型号为SDF（E-Ⅱ）-No.18，右洞风机叶轮角度为2º，单台风机功率2×90 kW，左洞风机叶轮角度为2º，单台风机功率2×90 kW，ϕ1600 mm风管；射流风机左右洞各1台，型号为（B）SSF10.0K-4P/30，功率30 kW。

布置注意事项：轴流风机置于洞口30 m处，风管前端距掌子面10 m；射流风机布置在距掌子面50 m处。

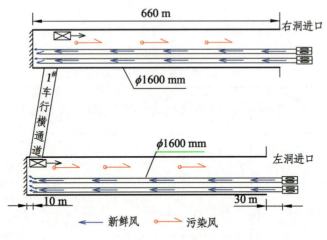

图3-16　第Ⅰ工区施工通风示意图

2. 第Ⅱ工区

第Ⅱ工区按高瓦斯隧道设计，采用巷道式通风，如图3-17所示。通风设备配置包括：压入式轴流风机4台，均布置在右洞，型号为SDF（E-Ⅱ）-No.18，右洞供风风机叶轮角度为2°，单台风机功率2×90 kW，左洞供风风机叶轮角度为3°，单台风机功率2×110 kW，ϕ1600 mm风管；车行横通道射流风机1台，右洞掌子面射流风机1台，洞口与距掌子面最近的车行横通道之间射流风机2台；左洞掌子面射流风机1台，洞口与车行距掌子面最近的横通道之间射流风机2台，型号（B）SSF10.0K-4P/30，功率30 kW。

布置注意事项：轴流风机置于距掌子面最近的车行横通道前30 m处，风管前端距掌子面10 m；洞口与距掌子面最近的车行横通道之间的射流风机：第一组在距洞口100 m处布置，其余按间隔500 m左右布置；掌子面附近的射流风机布置在距掌子面50 m处。除距掌子面最近的车行横通道，其余车行、人行横通道均关闭。风管在转弯时，弯管半径不小于风管直径的3倍。

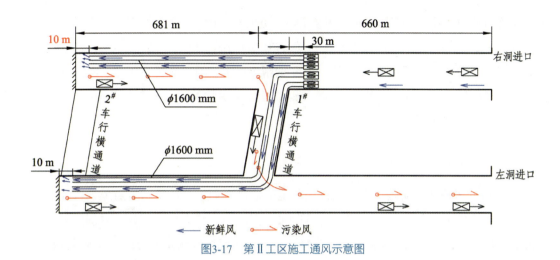

图3-17 第Ⅱ工区施工通风示意图

3. 第Ⅲ工区

第Ⅲ工区按高瓦斯隧道设计，采用巷道式通风，如图3-18所示。通风设备配置包括：压入式轴流风机4台，均布置在右洞，型号为SDF（E-Ⅱ）-No.18，右洞供风风机叶轮角度为2°，单台风机功率2×90 kW，左洞供风风机叶轮角度为3°，单台风机功率2×110 kW，ϕ1600 mm风管；车行横通道射流风机1台，右洞掌子面射流风机1台，洞口与距掌子面最近的车行横通道之间射流风机4台；左洞掌子面射流风机1台，洞口与车行距掌子面最近的横通道之间射流风机4台，型号（B）SSF10.0K-4P/30，功率30 kW。

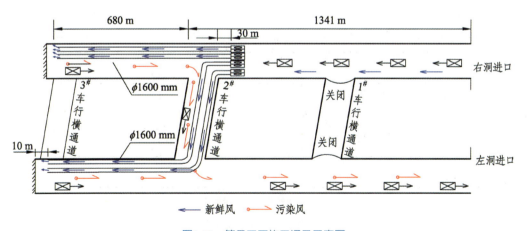

图3-18 第Ⅲ工区施工通风示意图

布置注意事项：轴流风机置于距掌子面最近的车行横通道前30 m处，风管前端距掌子面10 m；洞口与距掌子面最近的车行横通道之间的射流风机：第一组在距洞口100 m处布置，其余按间隔500 m左右布置；掌子面附近的射流风机布置在距掌子面50 m处。除距掌子面最近的车行横通道，其余车行、人行横通道均关闭。风管在转弯时，弯管半径不小于风管直径的3倍。

4. 第Ⅳ工区

第Ⅳ工区按低瓦斯隧道设计，采用巷道式通风，如图3-19所示。通风设备配置包括：压入式轴流风机4台，均布置在右洞，型号为SDF（E-Ⅱ）-No.18，右洞供风风机叶轮角度为4°，单台风机功率2×132 kW，左洞供风风机叶轮角度为5°，单台风机功率2×160 kW，ϕ1600 mm风管；车行横通道射流风机1台，右洞掌子面射流风机1台，洞口与距掌子面最近的车行横通道之间射流风机2台；左洞掌子面射流风机1台，洞口与车行距掌子面最近的横通道之间射流风机2台，型号（B）SSF10.0K-4P/30，功率30 kW。

布置注意事项：轴流风机置于距掌子面最近的车行横通道前30 m处，风管前端距掌子面10 m；洞口与距掌子面最近的车行横通道之间的射流风机：第一组在距洞口100 m处布置，其余按间隔1500 m左右布置；掌子面附近的射流风机布置在距掌子面50 m处。除距掌子面最近的车行横通道，其余车行、人行横通道均关闭。风管在转弯时，弯管半径不小于风管直径的3倍。

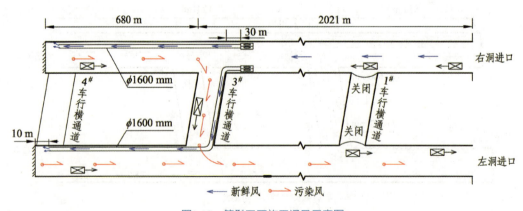

图3-19　第Ⅳ工区施工通风示意图

5. 第Ⅴ工区

第Ⅴ工区按低瓦斯隧道设计，采用巷道式通风，如图3-20所示。通风设备配置包括：压入式轴流风机4台，均布置在右洞，型号为SDF（E-Ⅱ）-No.18，右洞供风风机叶轮角度为4°，单台风机功率2×132 kW，左洞供风风机叶轮角度为5°，单台风机功率2×160 kW，ϕ1600 mm风管；车行横通道射流风机1台，右洞掌子面射流风机1台，洞口与距掌子面最近的车行横通道之间射流风机3台；左洞掌子面射流风机1台，洞口与车行距掌子面最近的横通道之间射流风机3台，型号（B）SSF10.0K-4P/30，功率30 kW。

布置注意事项：轴流风机置于距掌子面最近的车行横通道前30 m处，风管前端距掌子面10 m；洞口与距掌子面最近的车行横通道之间的射流风机：第一组在距洞口100 m处布置，其余按间隔1300 m左右布置；掌子面附近的射流风机布置在距掌子面50 m处。除距掌子面最近的车行横通道，其余车行、人行横通道均关闭。风管在转弯时，弯管半径不小于风管直径的3倍。

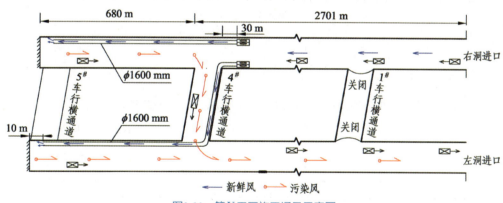

图3-20　第Ⅴ工区施工通风示意图

6. 第Ⅵ工区

第Ⅵ工区按低瓦斯隧道设计，采用巷道式通风，如图3-21所示。通风设备配置包括：压入式轴流风机4台，均布置在右洞，型号为SDF（E-Ⅱ）-No.18，右洞供风风机叶轮角度为4°，单台风机功率2×132 kW，左洞供风风机叶轮角度为5°，单台风机功率2×160 kW，ϕ1600 mm风管；车行横通道射流风机1台，右洞掌子面射流风机1台，洞口与距掌子面最近的车行横通道之间射流风机3台；左洞掌子面射流风机1台，洞口与车行距掌子面最近的横通道之间射流风机3台，型号（B）SSF10.0K-4P/30，功率30 kW。

布置注意事项：轴流风机置于距掌子面最近的车行横通道前30 m处，风管前端距掌子面10 m；洞口与距掌子面最近的车行横通道之间的射流风机：第一组在距洞口100 m处布置，其余按间隔1600 m左右布置；掌子面附近的射流风机布置在距掌子面50 m处。除距掌子面最近的车行横通道，其余车行、人行横通道均关闭。风管在转弯时，弯管半径不小于风管直径的3倍。

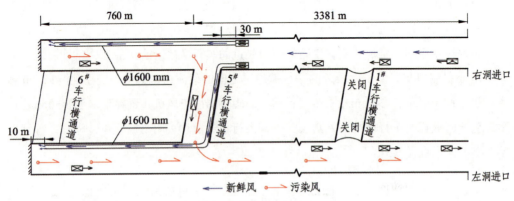

图3-21 第Ⅵ工区施工通风示意图

7. 第Ⅶ工区

第Ⅶ工区按低瓦斯隧道设计，采用巷道式通风，如图3-22所示。通风设备配置包括：压入式轴流风机4台，均布置在右洞，型号为SDF（E-Ⅱ）-No.18，右洞供风风机

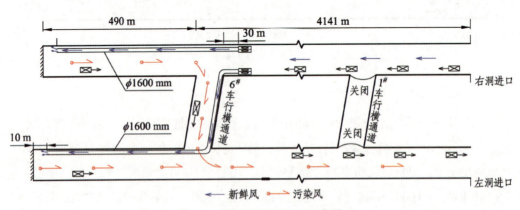

图3-22 第Ⅶ工区施工通风示意图

叶轮角度为4º，单台风机功率2×132 kW，左洞供风风机叶轮角度为5º，单台风机功率2×160 kW，ϕ1600 mm风管；车行横通道射流风机1台，右洞掌子面射流风机1台，洞口与距掌子面最近的车行横通道之间射流风机4台；左洞掌子面射流风机1台，洞口与车行距掌子面最近的横通道之间射流风机4台，型号（B）SSF10.0K-4P/30，功率30 kW。

布置注意事项：轴流风机置于距掌子面最近的车行横通道前30 m处，风管前端距掌子面10 m；洞口与距掌子面最近的车行横通道之间的射流风机：第一组在距洞口100 m处布置，其余按间隔1300 m左右布置；掌子面附近的射流风机布置在距掌子面50 m处。除距掌子面最近的车行横通道，其余车行、人行横通道均关闭。风管在转弯时，弯管半径不小于风管直径的3倍。

◆ 第4章　风管压入式通风数值模拟

本章主要从数值模拟的角度对风管压入式通风系统中的流场特性和瓦斯浓度分布等进行分析,以便快速对风管压入式通风系统的效果进行评估和优化调整。

4.1　全断面开挖局部流场数值模拟

全断面开挖法是指按隧道设计开挖断面,一次开挖到位的施工方法。这种方法是先将洞室一次开挖成形,然后再施作衬砌。在围岩很稳定、无塌方掉块危险或断面尺寸较小时,适于全断面开挖。这种方法的优点是施工场地开阔、出渣方便、掘进速度快。在公路隧道中,通常在Ⅲ级及以上级别的围岩中采用全断面开挖法。全断面开挖一次成型断面大,在保证最低回风速度的前提下需风量也更大,同时爆破消耗的炸药更多,重型设备投入的台数更多,工作的时间更长,因而在施工通风设计中往往起控制作用。

4.1.1　模型建立

1. 基本假定

本章采用通用软件Fluent进行数值建模及计算。

模型中需要进行以下假定:

(1)整个施工通风过程中无能量交换;

(2)风管及隧道内气体假定为不可压缩流体;

(3)气流的运动各向同性。

考虑到隧道内的空气流动为紊流,在以上假定的基础上可确定数学模型为标准的 k-epsilon二方程紊流模型,其控制方程包括连续性方程、动量方程、k方程和epsilon方程。

2. 边界条件

根据隧道施工通风的实际情况，可将模型中的边界条件确定为：

（1）隧道内风管出口为入口边界，类型为velocity-inlet，其中沿着风管轴线方向的速度为19.397 m/s（该速度由现场实测获得），另外两个方向的速度分量为0；

（2）距离工作面50 m处所在隧道断面为出口边界，类型为outflow；

（3）风管管壁、隧道内壁的边界类型均设置为wall，并满足无滑移条件。

3. 模型建立

数值模型需考虑风管出口与工作面之间的距离（L）及横断面内的风管布设位置等因素的影响。利用前处理模块Gambit建立三维模型，断面基本几何尺寸为：隧道断面直径11 m、隧道长度50 m、风管直径1.6 m。

在建立的第一类模型中，将风管布设于隧道侧壁并保持位置不变，改变风管出口与工作面距离L，以探讨其对开挖面附近流场的影响，如图4-1、图4-2所示。

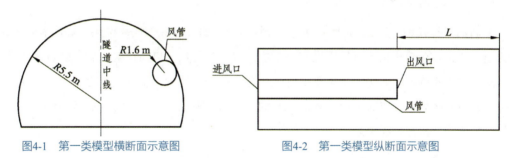

图4-1　第一类模型横断面示意图　　　　图4-2　第一类模型纵断面示意图

在建立的第二类模型中，保持风管出口与工作面距离L不变，改变横断面内风管的布设位置。四种形式如图4-1和图4-3所示。

图4-3　第二类模型横断面示意图

利用Gambit中的网格自适应能力，采用非结构化网格分别对上述模型进行网格划分，某工况下的网格划分情况如图4-4所示，该模型有约15万个单元，包括约31万个面和近2万个网格节点。

图4-4　模型某工况网格剖分

4.1.2　隧道内流场特性数值计算

将第一类模型（L=25 m）作为模拟计算对象，研究其局部通风效果。如图4-5所示为空气流速在风管出口至开挖面之间的变换情况。空气从出口高速射出后，随着距离的增加速度不断降低。其中，从风管出口至开挖面20 m范围内，空气流速近似呈线性递减关系；而从距风管管口20 m至开挖面之间约5 m的范围内，空气流速急剧下降直至为0，拟合曲线呈二次抛物线关系。

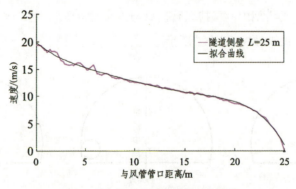

图4-5　管口至工作面的风速变化曲线

　　该工况下，风管出口流场中各质点的速度分布如图4-6所示（观测面为$z=3.5$）。风管出口射流流场可划分为几个区域，即附壁射流区、射流冲击区、涡流区、回流区。风管中的空气从出口射出，表现为附壁射流；射流断面经过先扩张、后缩小的过程，再发展为冲击射流，随后到达工作面；受壁面作用力反向流动，形成回流区；射流区与回流区相互作用，在风管出口与开挖面之间产生了大片的涡流区。

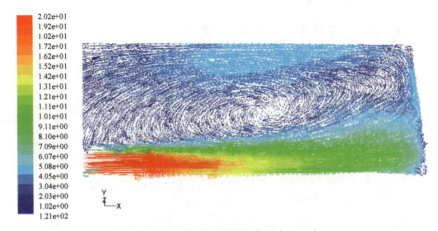

图4-6　管口射流流场速度矢量图（$z=3.5$）

　　以$z=3.5$ m为观测面进一步研究流场特点，得到不同水平位置上的气流速度分布，如图4-7所示。容易看出，附壁射流区风速较大；在射流冲击区（距开挖面5 m以内），各位置上的气流都具有近似的速度下降梯度；由于涡流区内风速变化不明显，加之质点的有旋运动，不利于排出掌子面的污染空气；自工作面起，回流区风速增大到一峰值后便迅速减小，回流到距工作面30 m时，趋向平稳流动，速度在0.57 m/s左右。

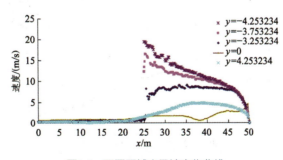

图4-7　不同区域内风速变化曲线

4.1.3　风管口与工作面距离对流场影响的数值计算

风管口与工作面的距离是风管布设位置的重要指标之一。当风管口距开挖面10 m时的流场如图4-8所示，此时距离L的最小，射流区几乎覆盖了整个开挖面，同时涡流区显著缩小，对稀释开挖面溢出的有毒有害气体十分有利，同时又大大降低了涡流区有毒有害气体积聚的风险。当风管口距离L分别取10 m、20 m、25 m、30 m、35 m时，风管口中心点至工作面的流速变化如图4-9所示。流速梯度与风管口距离负相关，即在相同的入口速度条件下，距离工作面最近（$L=10$ m）的管口射流流速变化梯度最大，其对开挖面的冲击作用最强。因此，在不对工作面设备布设造成干扰的情况下，应尽量使风管管口靠近工作面，保持风管口到开挖面的距离在10~20 m，以提高工作面通风效果。

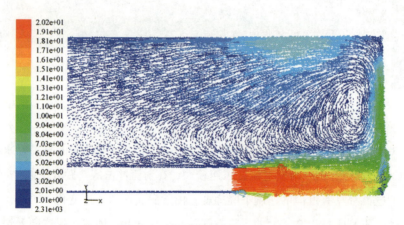

图4-8　开挖面附近流场（$L=10$ m）

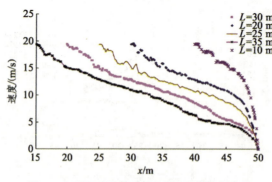

图4-9　不同距离下管口至工作面风速变化曲线

4.1.4　风管附壁位置的影响

为进一步研究风管附壁位置对通风效果的影响，在保持风管出口至工作面距离不变的情况下（$L=25$ m），对四种布设形式进行模拟仿真，通过后处理得到四种不同位置下风管出口至开挖面的空气流速变化曲线，如图4-10所示。当风管布设于隧道中央时，对开挖面的射流冲击作用最弱。实际工程中，风管布设于隧道中央也不利于开挖面附近的作业，故应该首先排除这种方案。其次，在同为附壁射流的条件下，附壁程度越高，开挖面附近射流冲击区域内气流速度变化梯度越大，表明对工作面冲击作用越强，排烟及稀释效果越好。综上所述，在不对管壁造成损坏和便于安装的情况下，应尽量使风管贴壁布设于下方拐角处。

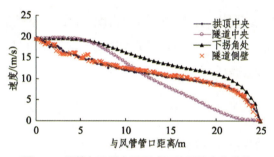

图4-10　风管在不同布设形式下的风速变化曲线

4.2　全断面施工瓦斯涌出数值模拟

隧道开挖施工中常常穿越不良地层，其中煤层涌出的瓦斯气体造成了极大的施工作业安全隐患。而压入式施工通风是驱散瓦斯、防止瓦斯积聚的重要措施，通过研究压入式风流和瓦斯的关系、瓦斯浓度的分布状况、瓦斯积聚的规律，以提供可靠的理论依据，从而有效防止瓦斯积聚造成的灾害。

4.2.1　数值模型建立

1. 基本假设

（1）风管压入气体视为三维黏性不可压缩流体。

（2）壁面绝热，等温通风，忽略由流体黏性力做功所引起的耗散热。

（3）气流在隧道内随时间的变化过程中没有其他的污染源，假定有害气体均匀地分布在工作区间内，通风视为非稳态等温流体。

2. 数学模型

瓦斯紊流扩散的控制方程包括质量连续性方程、Navier-Stokes方程、k-ε双方程、能量方程，瓦斯从掌子面均匀涌出，采用源项来处理，同时启用组分传输模型来模拟瓦斯与风流的混合输运过程。模型中增加粗糙度系数模拟实际情况，使用标准壁面函数法解决近壁面的流动。由前一节可知局部通风掘进工作面的风流为紊流，受限贴附射流，包括射流区和回流区，因此使用RNG k-ε双方程湍流模型比标准k-ε双方程湍流模型能取得更可靠的流场。

瓦斯和空气密度的不同将引起掌子面气流密度变化，应考虑浮升力产生的影响。浮升力是流体在重力作用下由于流体中各部分密度的不均匀而引起的一种体积力，Flunet模型中重力沿Z轴负方向，取值为-9.81 m/s^2。

3. 边界条件

瓦斯隧道模型的边界条件设置如下：

（1）壁面和风筒设为无滑移固体壁面（wall），满足无滑移条件$v_i=0$，同时设置隧壁和风筒的粗糙度高度和系数分别为$C_{s1}=0.3$、$C_{k1}=0.5$、$C_{s2}=0$、$C_{k2}=0.5$。

（2）风筒出口设为速度入口（velocity-inlet），速度大小为风筒的平均风速，方向垂直于出口断面，$v_x=19.397$ m/s，$v_y=v_z=0$。

（3）距离工作面50 m处所在隧道断面为压力出口（outflow），风流完全发展，且不影响其他区域的流动。

（4）在迎头近壁面的第一层网格区域内设置瓦斯源，根据瓦斯涌出量设置瓦斯源项的大小，包括质量源项［kg/(m^3·s)］和动量源项（N/m^3）。瓦斯质量源项出现在质量守恒方程的源项和组分传输方程的源项中，瓦斯的动量源项只考虑X方向的动量，出现在X方向动量守恒方程中。

4. 模型建立

利用Gambit建立三维模型，断面基本几何尺寸为：断面半径5.5 m，模拟隧道长度50 m，风管直径1.6 m。物理模型分别考虑风管出口与工作面距离L、风管布设位置（边墙和拱顶），如图4-11和图4-12所示。

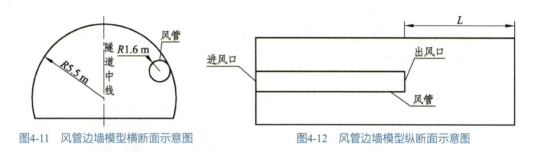

图4-11　风管边墙模型横断面示意图　　　　图4-12　风管边墙模型纵断面示意图

利用网格自适应能力，采用非结构化网格对上述模型进行网格化，某工况下的网格划分情况如图4-13所示，该模型被划分为约17万个单元，包括约35万个面和近4万个网格节点。

图4-13　瓦斯模型某工况风管边墙网格剖分

4.2.2　工作面横向瓦斯分布规律

局部通风掌子面的气流状态为紊流流动，驱散瓦斯的过程包括压入气体与瓦斯的对流和空气紊流流动引起的瓦斯紊流扩散。风管布设于右边墙，风筒风量Q=2340 m³/min，瓦斯涌出量为0.325 m³/min，回风平均瓦斯浓度为4.5%，以模型L=25 m工况为对象进行计算，研究一般情况下工作面的风流和瓦斯分布情况。

如图4-14所示，距离瓦斯涌出面1.0 m（$x=49.0$ m）断面上隧道通风口一侧瓦斯浓度小，由于风筒射流作用，瓦斯浓度梯度小，风速低，席卷作用小，风管压入的空气还无法与瓦斯混合，瓦斯浓度基本保持在2.0%左右。而另一侧回流区瓦斯与空气充分混合，浓度梯度较大，分布极不均匀，风流与掌子面涌出的瓦斯方向相同，在贴近隧道壁面区域形成一个较小范围的高瓦斯地带，局部浓度高达23%，是平均浓度的10倍以上。整体而言，在瓦斯涌出工作面附近（迎头1.0 m内），高瓦斯区域浓度分布梯度很大；瓦斯梯度从出风口区域至高瓦斯地带呈递增关系；由于射流区域比回流区域大，因此低瓦斯分布广，高瓦斯地带集中。

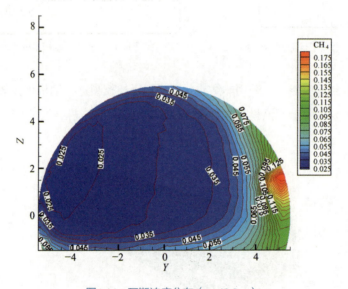

图4-14　瓦斯浓度分布（$x=49.0$ m）

如图4-15所示为距离瓦斯涌出面10 m（$x=40.0$ m）断面浓度分布示意图。随着距瓦斯涌出面越远，瓦斯浓度分布逐渐均匀，高浓度区域达到了6.4%，且向隧道中央发展，范围扩大。随着隧道内新鲜气体与瓦斯充分混合，低瓦斯区域缩小，与高瓦斯区域基本对称。由于距离增加，射流作用更强烈，低瓦斯区域浓度为1.4%左右，在射流的席卷作用下，低瓦斯区域周围浓度梯度较高，且风速越快梯度越大。

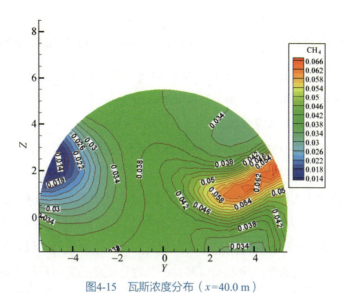

图4-15 瓦斯浓度分布（x=40.0 m）

如图4-16所示为距离瓦斯涌出面30 m（x=20.0 m）断面浓度分布示意图。隧道断面上的瓦斯浓度基本趋于平衡，之前低于2%的低瓦斯区域和高于6%的高瓦斯地带消失。此时的低瓦斯区域出现在隧道拱顶面，高瓦斯区域出现在风管下方，浓度相差不超过0.3%。模拟该工况时，隧道内平均风速为1 m/s，能较好地解决隧道回风浓度4.5%以下的瓦斯涌出和对流扩散问题。

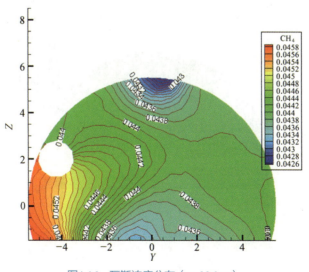

图4-16 瓦斯浓度分布（x=20.0 m）

4.2.3 瓦斯涌出量对掘进隧道工作面流场和瓦斯浓度分布的影响

为研究瓦斯涌出量的大小对隧道空间内流场的变化以及瓦斯分布的变化规律，保持风量不变，模拟瓦斯涌出量分别为23.4 m³/min、163.8 m³/min、351.0 m³/min这3种工况，其对应回风平均瓦斯浓度分别为1.0%、7.0%、15.0%。

回风平均瓦斯浓度分别为1%、7.0%和15.0%时，隧道轴向剖面瓦斯分布如图4-17所示。当回风瓦斯浓度为1%时，对流场的影响较小；而随着工作面瓦斯涌出量的增大，瓦斯逐渐向隧道拱顶上移，出现了瓦斯积聚现象，在隧道瓦斯回风浓度达到15.0%时最为明显。瓦斯与迎面风混合产生了对流和扩散作用，由于瓦斯和空气密度差产生体积力，导致瓦斯上浮，一部分瓦斯与风流方向相反，在风速动量和体积力的作用下沿隧道拱顶逆风斜向流动，从而在拱顶形成漩涡。漩涡容易造成隧道内瓦斯的局部积聚，漩涡中瓦斯浓度明显高于隧道射流区和回流区，不利于瓦斯排出，干扰了原流场的流动。同时瓦斯涌出量越大，体积力的作用越强，从而瓦斯沿顶板逆流的距离增大，使得漩涡范围越大；瓦斯浓度越高，局部瓦斯积聚的范围越宽，漩涡中心处瓦斯浓度越高，对流场影响也越大，通风效果越差。

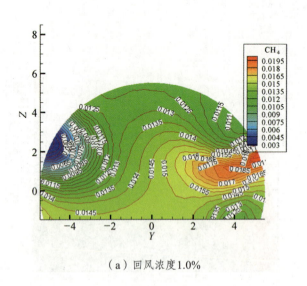

（a）回风浓度1.0%

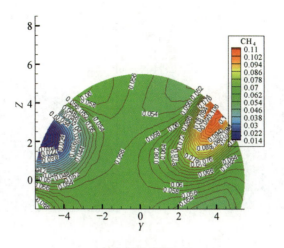

（b）回风浓度7.0%

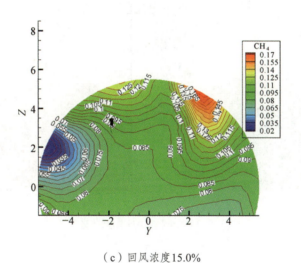

（c）回风浓度15.0%

图4-17　瓦斯浓度分布比（x=35 m）

4.2.4　通风量对掘进隧道工作面瓦斯分布的影响

为研究通风量对隧道掘进工作面瓦斯分布的影响，保持瓦斯涌出量、风筒位置、风筒直径、风管出口到工作面距离不变，分别减小通风量与增加通风量，使得风量为1810 m³/min和2870 m³/min，从而比较瓦斯浓度分布情况。

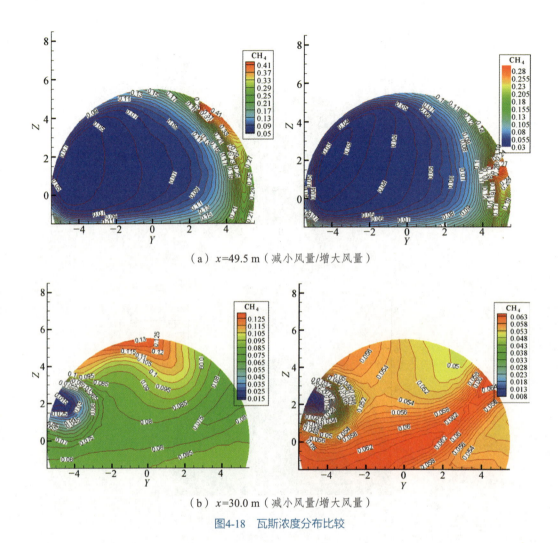

（a）x=49.5 m（减小风量/增大风量）

（b）x=30.0 m（减小风量/增大风量）

图4-18　瓦斯浓度分布比较

由图4-18可以看出，当其他因素不变时，通风量越大，隧道断面上的瓦斯平均浓度值越低。增大与减小的通风量比值约为1.6倍，而在同一横断面上同一位置的瓦斯浓度值为0.63倍，可见通风量与瓦斯浓度呈负相关，且相关系数与通风量倍数呈倒数关系。当通风量减少时，同一断面右侧的高瓦斯地带位置较高，相比通风量增加时较易发生瓦斯积聚现象。随着瓦斯涌出面距离的增加，在体积力的作用下高瓦斯地带开始上浮，而在增大通风量的工况下上移浮动明显较小；同时，高瓦斯地带浓度开始降低，空气和瓦斯逐渐混合均匀。在图4-18（b）中，风量减小时高瓦斯地带已移动至拱顶，局部瓦斯浓度达到12.5%，远超过平均回风瓦斯浓度；而风量增大时，断面上分布较均匀，瓦斯最高浓度小于6.3%，可见增加通风量能较好地解决工作面瓦斯涌出积聚问题。

4.2.5　风筒位置对瓦斯分布的影响

工程实践中两类风管位置最常应用，一类位于隧道边侧，另一类位于拱顶。为考虑风筒布置位置对工作面瓦斯分布情况的影响，保持其他因素不变（瓦斯回风浓度固定为7.0%、风筒直径1.6 m、风筒出口距离工作面迎头25 m），使风筒位于拱顶，探明风筒位置的变化对瓦斯分布规律的影响。

如图4-19所示，当风筒布置在隧道拱顶时，瓦斯浓度呈现出对称分布，在接近瓦斯涌出源的断面上，位于射流区中的瓦斯浓度较小，而回流区内浓度明显比射流区高。高瓦斯区域主要集中于隧道底板两侧，最高瓦斯浓度达到顶部浓度的10倍以上，且瓦斯浓度梯度较高。距迎头面越来越远时，高瓦斯区域位置开始上移，浓度和梯度逐渐增大，在风管附近出现瓦斯积聚，隧道底部两端高瓦斯地带逐渐减少，浓度也开始变小，并逐渐向中间位置转移，整个隧道瓦斯浓度趋于均匀。如图4-19（c）所示，当隧道断面距离工作面30 m时，断面瓦斯基本趋于稳定和平衡，超过8%的高瓦斯地带消失，瓦斯浓度由2.0%突变为6.0%，这是由于处于风管后部，瓦斯和空气混合并进一步扩散和上浮，浓度开始增加，断面上整体平均浓度保持在7.0%左右，瓦斯浓度分布情况与风管位置位于隧道边墙时逐渐趋于相同。

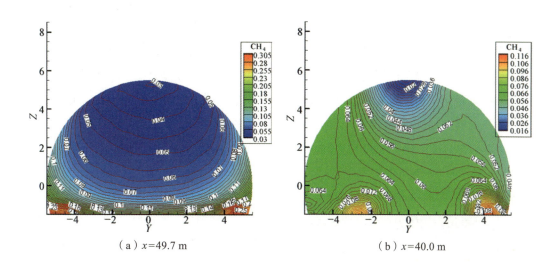

（a）x=49.7 m　　　　　　　　　　（b）x=40.0 m

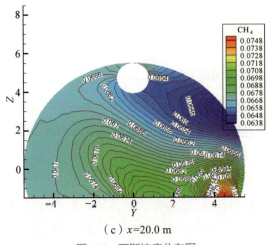

（c）x=20.0 m

图4-19　瓦斯浓度分布图

　　而风筒布置于隧道边墙时瓦斯呈非对称分布，且复杂多变，在距离迎头瓦斯面50 m内，高瓦斯区域主要集中在风筒下面的局部区域和隧道顶部。

　　综上可知，当距离瓦斯涌出面一定范围内，风筒的不同布置形式对瓦斯分布规律有较大影响，而超出一定距离后瓦斯分布情况基本一致。

4.3　上下台阶法局部流场数值模拟

　　台阶法是新奥法中适用性最广泛的施工方法，它将断面分成上半断面和下半断面两部分分别进行开挖，是在隧道施工现场使用的主要方法。这种方法的优点是机械化作业施工速度较快、一次开挖面积较小有利于掌子面稳定，一般适用于Ⅲ、Ⅳ级围岩。在高速公路隧道台阶法施工通风中，台阶法施工因其特殊的隧道空间结构，与全断面开挖的施工通风经验和规范不相符合，因而必须采取适当的通风措施以保障施工人员的健康。

4.3.1　数值模型建立

1. 基本假设

　　（1）隧道内气体为不可压缩气体；

　　（2）忽略隧道内工作机械及人体随流场的扰动。

经计算，各种工况下洞内气体流动时雷诺数均大于临界雷诺数，流动状态为紊流。可确定数学模型为标准的k-epsilon二方程紊流模型，其控制方程包括连续性方程、动量方程、k方程和epsilon方程。

2. 边界条件

根据隧道施工通风的实际情况，边界条件设定为：

（1）风管出风口为入口边界（in），类型为velocity-inlet，v_x=19.397 m/s，v_y=v_z=0；

（2）风管送风口所在隧道断面为出口边界（out），类型为outflow；

（3）管壁及隧道内壁边界类型均为wall，满足无滑移条件。

3. 模型建立

模型采用压入式通风，风管布设位置如图4-20所示，其中风管选用直径1.6 m的软管。参考实际隧道尺寸，利用Gambit建立简化模型并进行网格划分，如图4-21所示。

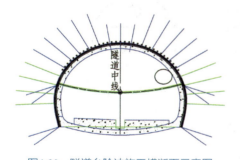

图4-20　隧道台阶法施工横断面示意图

图4-21　三维模型网格剖分

分别将上台阶长度、风管管口至掌子面距离及风管布设形式作为研究参数以建立不同工况计算数值模型。

（1）将风管布设于隧道侧壁且管口至上台阶掌子面距离为25 m，令上台阶长度L_1为变化参数，如图4-22所示。

（2）将风管布设于隧道侧壁且上台阶长度L_1=20 m，令L_2为变化参数，如图4-23所示。

（3）将保持风管出口与上台阶掌子面距离不变（假设L_2=15 m），上台阶长度L_1=20 m，设立以下5种风管布置形式，如图4-24所示。

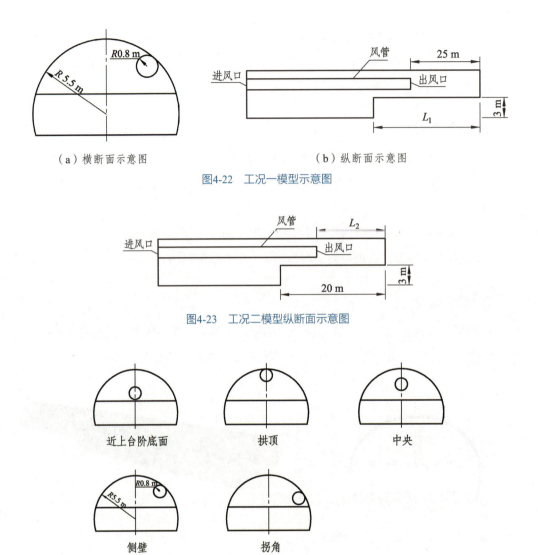

（a）横断面示意图　　　　　　　　　　　　　（b）纵断面示意图

图4-22　工况一模型示意图

图4-23　工况二模型纵断面示意图

图4-24　工况三模型横断面示意图

4.3.2　通风流场特性分析

由图4-25（a）可见，气体射出后受到气流影响，风速由内向外逐渐减小。当射流到达上台阶附近后开始偏移，部分气体沿偏移方向反向回流；部分气体受到掌子面回弹作用向右侧回流，与偏移的气流相互作用在隧道内侧形成涡流。

由图4-25（b）可见，受到下台阶气流影响，射流断面位于台阶断面时达到最大

（扩张段）。由于隧道空间突然缩小，射流无法继续扩张，在随后5 m内逐渐缩小（收缩段）。射流卷吸下台阶前部分空气，在狭小空间内形成涡流区。

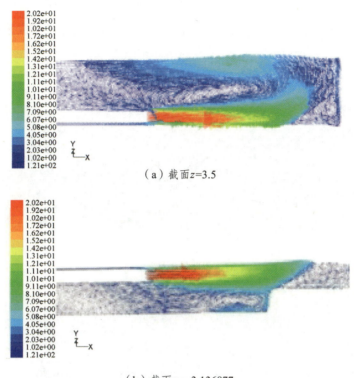

（a）截面z=3.5

（b）截面y=−3.136877

图4-25　管口射流流场速度矢量图

4.3.3　上台阶长度L_1对流场特性的影响

台阶法施工通风时上台阶的长度会影响到隧道流场特性，直接关系到实际通风效果。因此，分别选取台阶长度参数L_1为5 m、10 m、20 m、25 m、30 m、40 m、50 m的模型进行仿真实验，上下台阶管口射流流场分别如图4-26及图4-27所示（取截面z=3.5为管侧面）。

由图4-26可见，L_1=5 m时，射流与回流区间存在涡流区A，形如全断面施工中压入式通风流场。L_1=10 m时，射流位于掌子面一定距离时发生偏移，与掌子面产生的回流形成第二个涡流区B。以L_1=25 m为分界（此时风管管口与台阶在同一横断面上）可以发现：L_1从10 m增大到25 m时，台阶面与管口相对距离逐渐减小，涡流区B逐渐增大；L_1

从30 m增大到50 m时，台阶面与管口相对距离逐渐增大，涡流区B范围变化幅度小，但总体表现为逐渐减小，回流过程中风流与隧道边壁相互作用形成了第三个涡流区C，如图4-26（f）、（g）所示。

由此可见，在其他因素不变情况下，上台阶长度越短，存在的涡流区域数目越少且覆盖范围越小。

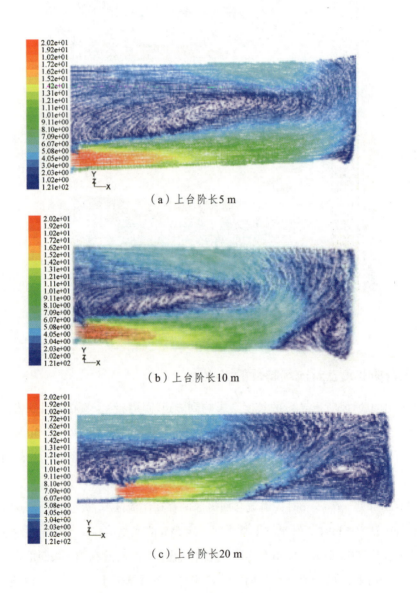

（a）上台阶长5 m

（b）上台阶长10 m

（c）上台阶长20 m

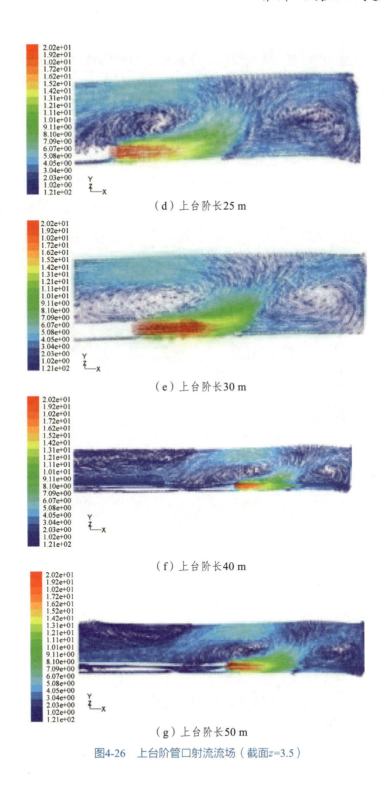

（d）上台阶长25 m

（e）上台阶长30 m

（f）上台阶长40 m

（g）上台阶长50 m

图4-26 上台阶管口射流流场（截面z=3.5）

图4-27所示为下台阶射流流场图，L_1=5 m时，气体从风管射出后受到台阶干扰，在下台阶前形成涡流区D，影响射流前进。但由于台阶长度较小，大量气流仍能继续前进到达上台阶掌子面。以L_1=20 m（管口在台阶面左5 m）为分界发现：L_1自5 m增大到20 m时，管口与下台阶面相对距离逐渐减小，涡流区D范围逐渐减小，直至L_1为20 m时，涡流区消失，射流卷吸下台阶前大量空气；L_1自20 m增大到50 m时，管口与台阶面相对距离逐渐增大，下台阶面前射流卷吸的空气量逐渐减少，卷吸空气与回流方向相反，又逐渐形成了涡流区E，由图4-27（g）可知，L_1=50 m时，下台阶前存在两个涡流区。

综合考虑射流对空气卷吸量及涡流区大小对流场的影响，当其他因素不变情况下，应控制台阶长度在5~20 m。

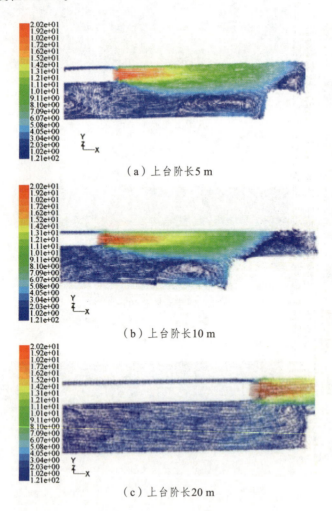

（a）上台阶长5 m

（b）上台阶长10 m

（c）上台阶长20 m

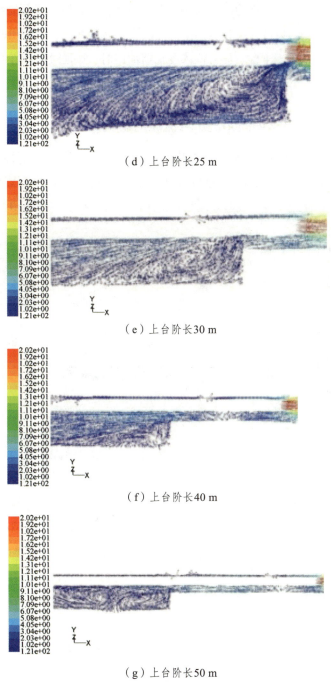

（d）上台阶长25 m

（e）上台阶长30 m

（f）上台阶长40 m

（g）上台阶长50 m

图4-27 下台阶射流流场（截面 $y=-3.136877$）

综上所述，当上台阶长度为5~20 m时，射流既有对上台阶掌子面的冲击力，又能控制下台阶前涡流区大小以及射流卷吸的空气量。当下台阶面无瓦斯涌出时，能够提高上台阶掌子面通风效率；当下台阶面有低浓度瓦斯涌出时，可通过射流卷吸后将其稀释并排出洞外。

4.3.4 风管出风口至掌子面距离L_2对流场的影响

风管出风口与掌子面的距离L_2是影响通风效果的重要因素，此处对参数L_2分别取5 m、10 m、15 m、20 m、25 m的模型进行模拟仿真，图4-28为5种工况下管口中心点至掌子面的流速变化曲线（各曲线起点均为相应工况下管口中心点x坐标）。

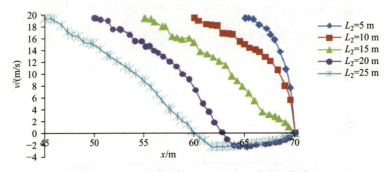

图4-28　不同距离下管口至工作面风速变化曲线

由图4-28可见，在相同的射入速度下，距离上台阶掌子面越近，管口射流流速变化梯度越大，当L_2=20 m时，射流无法以直线到达掌子面，在到达距掌子面约7 m处发生偏移，L_2越大，射流偏移越早，对掌子面冲击效果越弱。

如图4-29所示为管口至掌子面不同距离下流场内各个区域变化情况（分别取截面z=3.5为观测面）。当L_2=5 m时，回流受管口射流影响较小，到达下台阶面时与周围空气相互作用产生涡流区。随着L_2逐渐增大，下台阶至隧道出口区段内受射流所卷吸风量逐渐增大，射流衰减幅度增大，逐渐偏离直线方向，在掌子面前所形成的涡流区范围也随之增大。

综上可知，当管口与掌子面距离过大，与下台阶面相对距离过小时，回流及台阶前空气易被射流所卷吸，产生污风循环；管口与台阶面相对距离过大，易造成下台阶前涡流产生，聚积污染空气，无法冲散。

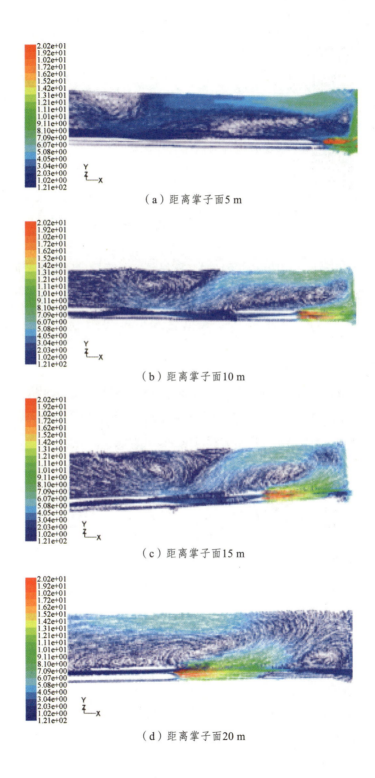

（a）距离掌子面5 m

（b）距离掌子面10 m

（c）距离掌子面15 m

（d）距离掌子面20 m

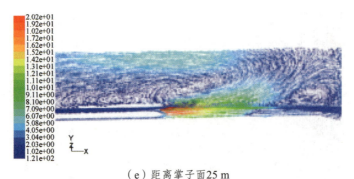

（e）距离掌子面25 m

图4-29　在不同L_2下管口射流流场（截面z=3.5）

因此，当难以改变上台阶开挖长度时，应尽量使风管管口靠近掌子面，以5~10 m为最佳，此时管口与下台阶面相对距离约为（1/2~1/4）L_1，对上下台阶通风效果均有改善。

4.3.5　风管布设形式对流场的影响

基于以上研究，可进一步分析风管的布设位置对隧道断面流场的影响，从而优化台阶法施工通风中的设计参数。令L_1=20 m，L_2=15 m，对5种风管布设形式的模型进行仿真模拟，经后处理得到如图4-30所示的管口风速变化曲线。

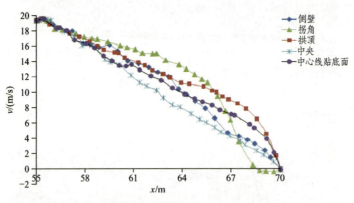

图4-30　风管在不同布设形式下射流速度变化曲线

风管布设情况分为以下两类：A类风管位置过隧道中线纵断面（拱顶、中央、中心线贴上台阶底面）；B类沿隧道边墙布设（侧壁、拐角）。由图4-30可见，A类曲线具有相似变化趋势，气体射出后速度逐渐降低，到达掌子面前降幅最大，随后冲击掌子面。对比A类三条曲线可以发现，风管越贴近壁面，射流到达掌子面时的速度梯度越大，冲击作用越强。当风管布设在拱顶时的作用效果最明显，而沿中央布设时效果最差。同样，位于射流初期时B类两条曲线变化趋势相比A类更大，但到达一定位置后速度大幅下降，明显低于A类中后期速度。其中，风管沿拐角布设的情况，当射流到达距掌子面2 m时向左偏移，与掌子面回流相互作用在隧道右侧角形成小涡流区。

　　图4-31为改变上台阶掌子面通风风管布设位置时下台阶面风速变化曲线（取台阶面前1 m处y方向上直线进行速度监测）。由图4-31（a）可见，A类布设位置中，风管沿中心线贴上台阶底面布设时正向冲击速度与反向回流速度均较大，对下台阶面的冲击力最强、回流也最快，沿拱顶布设次之，沿中央布设最弱。由图4-31（b）可见，B类布设位置中，风管沿侧壁布设时，正向冲击速度与反向回流速度差较大，对下台阶面冲击力作用最强，沿拐角布设次之。

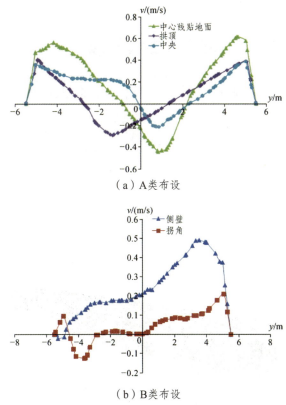

（a）A类布设

（b）B类布设

图4-31　风管在不同布设形式下下台阶风面速变化曲线

综合考虑上下断面污风排出效果，A、B两类中较优布设位置分别为沿拱顶和沿侧壁布设。进一步将上述两种布设形式下的隧道内断面平均风速变化曲线相比较（图4-32），两种布设形式下隧道出口断面平均风速值均为0.59 m/s，但在x=20 m至掌子面区段上，沿侧壁布设时断面平均风速均大于沿拱顶布设时的速度值。实际施工中，为提高通风效率，减少通风时间，优先选择沿侧壁布设。

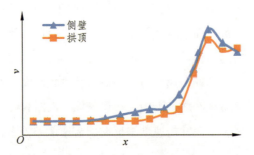

图4-32　风管两种布设位置下断面平均风速变化曲线

4.4　上下台阶法施工瓦斯涌出数值模拟

研究上下台阶面瓦斯不同涌出情况，比较上断面通风设施开启，下断面设置射流风机前后流场特性的变化，重点分析排出瓦斯的效果。

4.4.1　数值模型建立

1. 数学模型及边界条件

根据某实际隧道尺寸采用GAMBIT建模并对网格进行划分，例如：在第一类模型中，L_1=25 m的模型被划分为约21万个单元，包括约43万个面和4万个网格节点。网格化情况如图4-33所示。

图4-33　第一类模型（L_1=25 m）网格剖分

根据隧道施工通风的实际情况，边界条件可确定为：

（1）隧道内风管送风口为入口边界（in_1），类型为velocity-inlet，v_x=19.397 m/s，v_y=v_z=0；

（2）风管风口所在隧道断面为出口边界（out），类型为outflow；

（3）管壁及隧道内壁边界类型均为wall，满足无滑移条件，即v_i=0。

（4）本章将涌出面采用瓦斯源项来处理，在上下台阶迎头近壁面的第一层网格区域内设置瓦斯源，其余条件与4.2.1相同。

2. 数值模型

（1）下台阶面瓦斯均匀涌出。

将风管布设于上台阶区段隧道侧壁，令L_1=20 m，L_2=10 m不变，下台阶面瓦斯整体均匀涌出，如图4-34（a）所示。

（2）上下断面瓦斯均匀涌出。

将风管布设于上台阶区段隧道侧壁，令L_1=20 m，L_2=10 m不变，上下断面瓦斯整体均匀涌出，如图4-34（b）所示。

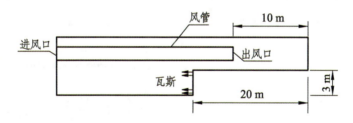

（a）下台阶面瓦斯均匀涌出

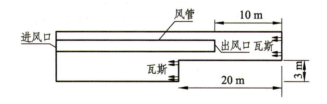

（b）上下断面瓦斯均匀涌出

图4-34　瓦斯均匀涌出位置示意图

3．求解方法

对于局部通风掘进工作面风流流场，流动具有回流，Pressure压力差值方式采用PRESTO 格式，pressure-velocity coupling 压力速度耦合方式采用SIMPLEC算法以加速收敛，为了克服或减轻数值计算中的假扩散误差，Momentum、k和ε相应方程的离散格式采用具有三阶精度的QUICK 格式。

4.4.2 台阶法施工通风瓦斯涌出数值计算

基于4.2节全断面开挖瓦斯浓度分布特点的研究，进一步分析台阶法施工通风中瓦斯均匀涌出对流场特性（速度、浓度等）的影响。

1．下台阶面瓦斯均匀涌出数值计算

假设回风流瓦斯平均浓度为0.5%，上台阶风管口风量为19.50 m^3/s，下台阶面瓦斯均匀涌出时截面$y=-3.500357125$（管口所在纵截面）上瓦斯浓度分布如图4-35所示，由于瓦斯密度小于空气密度而向上方漂浮，在风管管壁下方出现小范围瓦斯积聚，贴近风管处浓度达1.8%。瓦斯浓度从下台阶面向外逐渐降低，由于上台阶通风设施开启，风流对下台阶面涌出并向上漂浮的瓦斯有驱散作用，故该区段内瓦斯浓度较低。

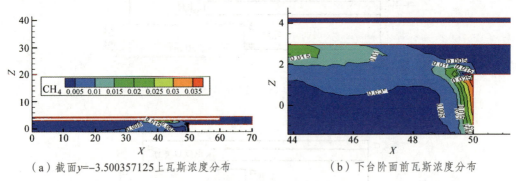

（a）截面$y=-3.500357125$上瓦斯浓度分布　　　　　　（b）下台阶面前瓦斯浓度分布

图4-35 隧道纵向剖面瓦斯浓度分布

下台阶面前0.3 m处截面上瓦斯浓度分布如图4-36（a）所示，贴近隧道壁侧瓦斯浓度均超过1.5%，与壁面越近瓦斯浓度越高，在该侧上下断面分界处瓦斯浓度甚至达到4%。

自上台阶掌子面（$x=70$ m）起，直至洞口处各典型截面上瓦斯浓度变化情况如图

4-36（b）所示。下台阶面瓦斯均匀涌出时，上台阶区段内几乎不受干扰，浓度在合理范围内。与风管同侧截面上瓦斯浓度明显高于异侧，随着与下台阶面距离的增大，两侧浓度均逐渐降低，回流瓦斯浓度趋于均匀。

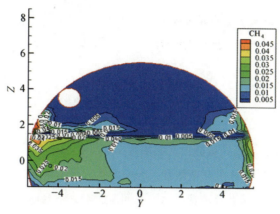

（a）x=49.7 m断面瓦斯浓度分布

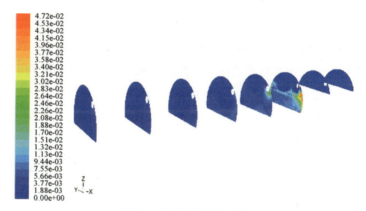

（b）y-z断面瓦斯浓度分布

图4-36　隧道内典型截面上瓦斯浓度分布

2. 上下断面瓦斯同时均匀涌出数值计算

假设回风流瓦斯平均浓度为0.5%，上台阶风管口风量为19.50 m^3/s，瓦斯总涌出量不变，上下断面瓦斯同时均匀涌出，截面y=-3.500357125（管口所在纵向截面）上瓦斯浓度分布如图4-37所示。由于上下断面分别按比例分配了同量瓦斯，减小了各断面前瓦斯浓度。上台阶区段内风管开启，风流作用使得该区段内瓦斯浓度明显低于下台阶内浓度。

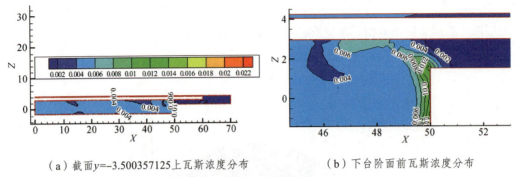

（a）截面 $y=-3.500357125$ 上瓦斯浓度分布　　（b）下台阶面前瓦斯浓度分布

图4-37　隧道纵向剖面瓦斯浓度分布

上台阶掌子面前0.3 m处截面上瓦斯浓度分布如图4-38（a）所示，风管射流区瓦斯浓度明显低于异侧（回流区）瓦斯浓度，与壁面越近瓦斯浓度越高，最高达到0.7%。相比上台阶掌子面而言，受上台阶管口射流及回流影响，下台阶面前瓦斯浓度分布复杂，两侧壁及中央均有一区域瓦斯浓度较高，最高可达2.2%。

自上台阶掌子面（ $x=70$ m）起，直至洞口处瓦斯平均浓度变化情况如图4-38（c）所示，上台阶区段内瓦斯浓度分布基本不受下台阶面涌出瓦斯影响。瓦斯平均浓度在0.22%左右，截面 $x=50$ m上瓦斯平均浓度最大达0.88%，随着与下台阶面距离的增大，瓦斯浓度逐渐降低，在距洞口30 m处瓦斯浓度趋于均匀。

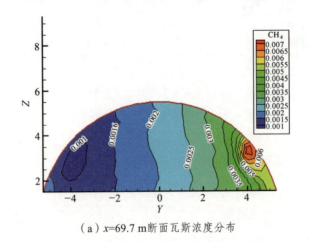

（a）$x=69.7$ m断面瓦斯浓度分布

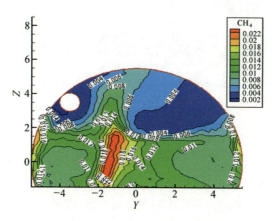

（b）x=49.7断面瓦斯浓度分布

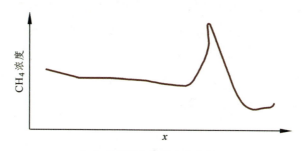

（c）瓦斯平均浓度变化曲线

图4-38　隧道内瓦斯浓度分布

◆ 第5章　射流巷道式通风数值模拟

隧道射流巷道式施工通风是一个复杂的问题，因为风从风管管口射出后其流动型态复杂，且流动过程中受到隧道壁面限制后射流会与周围气体质点发生能量交换，同时横通道与主洞连接处存在局部阻力，这些问题都属于流体力学的研究范畴，简单依靠试验研究和经验公式不足以准确反映隧道施工通风时的风流分布特性。基于计算流体力学理论（CFD）的数值模拟法，由于其具有能够模拟较复杂的流动过程、推出多种优化的物理模型等优点，被认为是目前求解各种流动问题的最有效的数值计算方法。

本章主要通过CFD软件FLUENT建立隧道三维模型并进行巷道式通风局部流场数值模拟，对通风过程中隧道内风流流速、压力分布等进行研究，分析通风效果影响因素，为实际工程中通风方案设计提供参考指导。

5.1　射流巷道式通风局部流场数值模型

5.1.1　计算模型的建立

1. 内风流状态分析

想要建立合理的数学模型，首先需要确定隧道内风流流动形态。根据流体力学基本知识可知，风流存在层流和紊流两种形态。通常情况下，用下临界雷诺数Re_c和流体流动的雷诺数Re判别流场形态。

当流体在圆管中流动时，雷诺数的表达式为

$$Re = \frac{vd}{\upsilon} \tag{5-1}$$

式中：v——流动断面上流体平均速度（m/s）；

　　　　υ——流体的运动黏度（m²/s）；

d ——管道直径（m）。

当$Re<Re_c$=2300时，为层流；当$Re>Re_c$=2300时，为紊流。

当流体在非圆管中流动时，公式（5-1）中管道直径d所表征的特征长度可用水力半径R代替，其中R表示如下：

$$R = \frac{A}{\chi} \qquad\qquad (5\text{-}2)$$

式中：A——过流断面面积（m^2）；

χ ——湿周（m）。

此时，流体流动的雷诺数的表达式为

$$Re = \frac{vd}{\upsilon} = \frac{4vR}{\upsilon} = \frac{4vA}{\upsilon\chi} \qquad\qquad (5\text{-}3)$$

隧道施工相关规范规定：全断面开挖时风速不得小于0.15 m/s，将该风速值作为风流型态衡量值代入上述公式计算所得雷诺数Re远大于下临界雷诺数Re_c，故确定隧道内风流流动型态为稳态紊流。

2. 数学模型的确定

对于紊流问题的模拟通常有直接模拟法（DNS）、大涡模拟方法（LES），Reynolds平均法（RANS）及统计平均法等，其中Reynolds平均法（RANS）是目前应用最广泛的紊流数值模拟方法。在资料调研及初步计算后在模拟中采用标准k-ε双方程紊流模型。

3. 几何模型的建立

利用Gambit建立隧道射流巷道式通风三维模型，为方便模拟分析，选取基本几何尺寸为：模拟隧道长度300 m风管直径1.6 m，射流风机直径1 m，简化后的隧道通风几何模型如图5-1所示。

图5-1 隧道通风几何模型示意图

4．边界及初始条件的确定

在参考实际工程的经验后定义边界条件如下：

（1）左右双洞中两送风管出风口均为入口边界，类型为velocity-inlet，且 $v_1=v_2=19.397$ m/s。

（2）左右双洞及横通道中三台射流风机出风口均为入口边界，类型为velocity-inlet，$v=34.2$ m/s；射流风机吸风口为入口边界，类型为mass-flow inlet，且 $Q=26.9$ m^3/s。

（3）右洞进口断面为入口边界，类型为pressure-inlet，左洞进口断面为出口边界，类型为pressure-outlet，各种压力值的大小均是相对于operating condition中参考压力（101325 Pa）的值。

（4）隧道壁面及风管管壁边界类型均为固壁边界（wall），且满足无滑移条件。

初始条件用于描述整个模型的初始状态，由于本次模拟中涉及的模型为稳态模型，故不需要设置初始条件。

5．计算网格的划分

利用FLUENT前处理器GAMBIT对模型进行网格划分，确定网格划分方案后模型被划分为950712个单元，2055044个面和256884个网格节点。网格化情况如图5-2所示。

图5-2　模型网格剖分示意图

5.1.2　隧道内风流速度总体分布

首先对隧道风流流场速度总体分布情况进行探讨。图5-3为隧道内速度分布图（所选观测面$y=3.5$为风管出风口中心点所在截面）。由图5-3可知，风从右洞（送风洞）进入隧道后，通过压入式风机及送风管将新鲜空气压送至左、右洞掌子面，风从两风管管口射出后，冲击掌子面，受洞壁限制后会均反向流动（洞口方向），右洞掌子面回流在到达横通道与其连接处时，受到横通道中射流风机进风口卷吸作用被引射至左洞（排风洞）中，左右洞回流混合后共同向洞外流动。

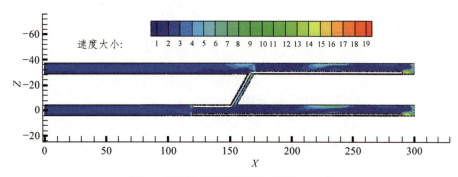

图5-3　隧道内风流速度分布（截面$y=3.5$）

为分析隧道纵向风流的速度分布情况，选定图5-4中所示点A、B为监测点，整理提取模拟计算结果如图5-5所示。由图5-5可知，当$x>180$时，即在无横通道内射流风机影响的条件下，左右洞纵向风速变化情况相近，呈现为上下波动的趋势，这是由于风管出风口及射流风机的卷吸作用导致掌子面正向风流与回流间存在不同范围的涡流区域，涡流区域内质点做有旋运动，降低了污染空气的稀释和排除效率。当$x<180$时，左右双洞内纵向风速方向相反，右洞（进风洞）中新鲜风流自进口处起，以2 m/s左右的速度向洞内行进至压入式轴流风机吸风口；左洞（排风洞）中掌子面污染空气与通过横通道进来的右洞内污染空气混合后以2.3 m/s的速度向洞外排出。

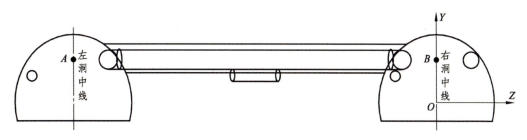

图5-4　速度监测点示意图

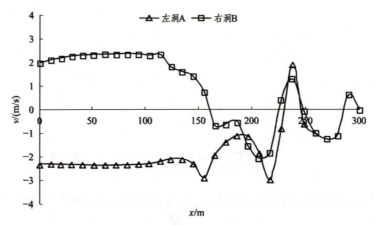

图5-5　左、右隧洞纵向风速变化曲线

5.1.3　掌子面风流速度分布

掌子面的局部风流流场问题是隧道施工通风研究的重点，掌子面是最易积聚有毒有害气体的区域，从某种程度上说，掌子面的通风效果会直接影响整个隧道的通风情况。

由于左、右洞掌子面均为压入式通风，且风流流场分布相似，故仅需对右洞掌子面风流流速分布进行模拟。模拟后得到的掌子面附近典型截面上风速分布如图5-6所示。

图5-6（a）为右洞掌子面前0.3 m处y-z断面。从图中可以看出，掌子面风流质点速度分布符合压入式通风的一般规律：管口射流到达掌子面后，由于壁面限制，风流质点改变流动方向逐渐形成回流，部分回流在风管管口射流卷吸作用下再次改变流动方向，形成涡流区。

图5-6（b）为射流风机所在x-z断面（截面y=2）。从图中可以看出，射流风机的布设对于掌子面前风流速度分布影响较大。吸风口将掌子面回流吸入风机并从出风口射出，射流受到隧道侧壁限制，表现为一种近壁的有限空间射流，射流沿程不断向外扩散，扩张边界，主体速度沿射流方向逐渐降低。在此过程中，出风口射流的卷吸作用诱导周围空气的流动，射流主体与周围受诱导的空气质点流动速度差异较大，导致了涡流区的产生。在向洞口方向行进的过程中，射流与洞内空气逐渐混合均匀，流动趋于稳定。

综上所述，在风管管口射流和起引射作用的射流风机共同作用下，掌子面前风流流场分布复杂，有多处涡流区域存在，该区域是施工通风中影响污染空气排出效率的主要因素。此外，由于隧道结构的特殊性导致风管异侧下隅角为质点速度最小的区域，当掌子面有毒有害气体存在时，在该区域形成积聚的可能性较大，施工通风中应注意采取防治措施。

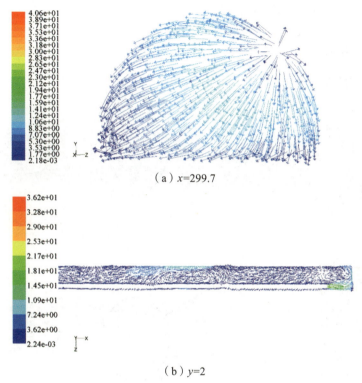

（a）$x=299.7$

（b）$y=2$

图5-6 掌子面附近典型截面上风速矢量图

5.1.4 横通道与正洞连接处风流速度分布

射流巷道式通风的关键在于横通道的利用，由于横通道会使隧洞结构发生变化，所以对这一部分风流流场的研究是模拟中的重点。

图5-7（a）、（b）分别为横通道与左、右隧道连接处的风流速度矢量图（所选观测面为横通道内射流风机所在x-z截面）。由图5-7（a）可知，右洞（送风洞）进口送风洞部分新鲜风流与掌子面回风流均在横通道内射流风机的诱导引射作用下汇入横通道并最终流入左洞（排风洞）内，从图中可看出左右对向风流汇合时有明显的分界线。由图5-7（b）可知，受到隧道结构局部变化的影响，射流自横通道流入左洞时，空间突然扩

大，流体中各点速度发生变化，主流与边壁脱离，与隧洞壁面之间形成了涡流区，增大了紊流脉动程度，加大了该范围内的能量损失。受到局部干扰的流体流态需要经过一段长度的流动才能达到均匀流正常状态，即风流流入左洞后向洞口方向流动一定长度才能使流速分布和紊流脉动达到均匀流正常状态。

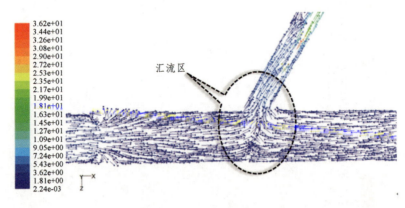

（a）横通道与右洞连接处风流速度矢量图

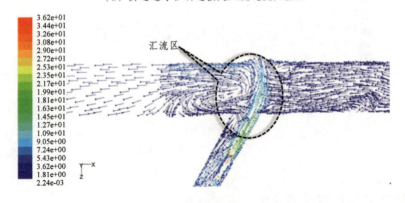

（b）横通道与左洞连接处风流速度矢量图

图5-7 横通道与正洞连接处风速矢量图

5.1.5 隧道内压力场总体分布

根据模拟结算结果，对隧道内压力分布特性进行研究。图5-8为隧道内压力分布云图（所选观测面为射流风机所在截面，$y=2$）。由图5-8可知，射流风机及掌子面送风管出风口射流自出口向外压力呈发散状逐渐减小，射流发展完全的区域内压力分布相对均匀。

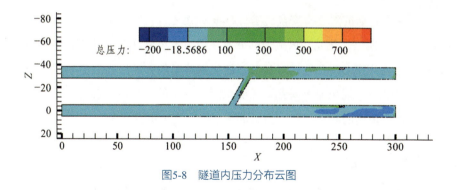

图5-8　隧道内压力分布云图

　　图5-9为左、右隧洞内纵向压力的变化曲线，曲线上各点所代表的值为该截面上各质点的平均总压大小（参考压力为一个标准大气压）。由图5-9可知，左、右隧洞内压力变化趋势相近，均表现为：当$x<150$时，压力变化幅度较小，右洞为进风洞，在该区段内压力值在-1.6 Pa左右，左洞为排风洞，在该区段内压力值在3.6 Pa左右；当$x>150$时，压力呈现一定程度的波动，掌子面前压力值最大，左洞为57 Pa，右洞为25.9 Pa。

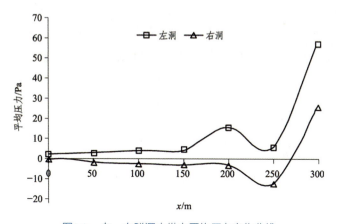

图5-9　左、右隧洞内纵向平均压力变化曲线

5.2　射流巷道式施工通风有毒有害气体涌出的数值模拟

　　由于施工成本的限制，一些隧道工程项目需要穿越瓦斯等有毒有害气体富集区地层，在这种条件下施工，除了基本的操作控制要点外，对例如瓦斯、硫化氢等有毒有害气体的安全防护工作也非常关键。因此，对于有毒有害气体隧道施工时洞内的瓦斯、硫

化氢等分布规律进行研究对隧道安全施工具有重要意义。

为准确掌握瓦斯、硫化氢在风流中的分布规律，本节将在研究巷道式施工通风局部流场的基础上，利用FLUENT软件对瓦斯、硫化氢浓度的分布进行数值模拟，分析瓦斯（硫化氢）涌出位置、涌出量等对瓦斯（硫化氢）分布的影响，实现对隧道内瓦斯、硫化氢等有毒有害气浓度的有效控制，为制定安全施工措施提供参考。

5.2.1 计算模型的建立

基于5.1.1中的射流巷道式通风数值模型，进一步分析有瓦斯（硫化氢）存在时的数值模拟特点，建立相应数学模型、几何模型，给出合适的边界条件及初始条件，并赋予合适的模拟解算参数及求解方法。

1. 数学模型的确定

假定隧道开挖掌子面瓦斯（硫化氢）迎头涌出，则射流巷道式通风排除或稀释瓦斯（硫化氢）的过程包括空气与瓦斯（硫化氢）对流以及空气紊流流动引起的瓦斯（硫化氢）紊流扩散。瓦斯（硫化氢）紊流扩散问题的数学模型控制方程为连续性方程、动量方程、能量方程及组分运输方程。紊流模型采用RNG k-ε双方程紊流模型，近壁面流动采用壁面函数法处理。由于瓦斯（硫化氢）密度与空气密度不同，在模拟中应考虑浮升力的影响。

2. 几何模型建立

射流巷道式通风几何模型如图5-1所示，假定瓦斯（硫化氢）从掌子面迎头涌出。

3. 边界及初始条件的确定

对于风流入口、风流出口、壁面等边界条件的设置与5.1.1中局部流场模拟时的设置一致，本节中对瓦斯（硫化氢）从下台阶面煤层壁面均匀溢出运用瓦斯（硫化氢）源项来处理，在下台阶近壁面的第一层网格区域内设置瓦斯（硫化氢）源，根据瓦斯（硫化氢）溢出量设置瓦斯（硫化氢）源项的大小，包括质量源项和动量源项，动量源项仅考虑x方向的动量。

5.2.2　局部流场瓦斯一般分布规律

对如下工况仿真模拟结果进行分析：左、右隧洞掌子面风管出风口风量 $Q_Z=Q_Y=38.99 \ \text{m}^3/\text{s}$，瓦斯从右洞（送风洞）掌子面涌出，且涌出量 $Q_{CH_4}=0.39 \ \text{m}^3/\text{s}$。

1.　隧道内瓦斯总体分布规律

在对隧道射流巷道式通风局部流场瓦斯分布特点进行研究之前，先对整个模拟隧道内的瓦斯总体分布规律进行探讨。图5-10为隧道瓦斯浓度分布图（所选观测面 $y=3.5$ 为风管出风口中心点所在截面），由图可知，瓦斯在右洞掌子面涌出时，掌子面前10 m内瓦斯与空气混合较不均匀，射流区、回流区及涡流区瓦斯浓度差异明显。掌子面前一定距离处布设的射流风机引射风流从出风口高速射出，形成涡流区，导致小范围内瓦斯浓度变化梯度增大，射流流动一定长度后逐渐稳定，行进至横通道与右洞连接处，在通道内射流风机的引射作用下流入洞内并最终射入左洞，与左洞掌子面回风流相汇合从排风道排出。左洞掌子面附近不受影响，瓦斯浓度为零。

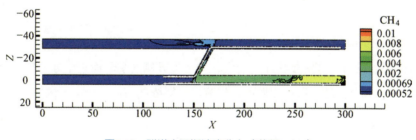

图5-10　隧道内瓦斯浓度分布（截面 $y=3.5$）

图5-11为左、右隧洞内瓦斯平均浓度变化曲线。由图可知，$x=150$ 处（横通道与正洞连接处）是左、右隧洞瓦斯浓度大小交替的分界，当 $x>150$ 时，右洞瓦斯平均浓度自掌子面向洞口方向逐渐降低，且掌子面前0.3 m截面瓦斯平均浓度值最大，为0.54%；左洞该区段内不受影响，瓦斯浓度均为0。当 $x<150$ 时，右洞送风段均为新鲜空气，不受污染风流的影响，瓦斯浓度均为0；左洞内瓦斯浓度增大到0.05%左右，这是由于该区段为巷道式通风的排风段，是最终混合均匀后的风流排出洞外的风道，与图5-10所示结论相一致。

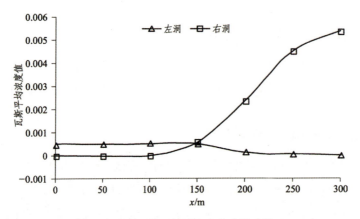

图5-11 左、右隧洞内瓦斯平均浓度变化曲线（截面y=3.5）

2. 掌子面瓦斯分布规律

对如下工况仿真模拟结果进行分析：左、右隧洞掌子面风管出风口风量$Q_Z=Q_Y$=38.99 m³/s，瓦斯从右洞（送风洞）掌子面涌出，且涌出量Q_{CH_4}=0.39 m³/s。由于右洞（送风洞）掌子面瓦斯涌出对左洞并无影响，故仅对右洞掌子面瓦斯分布规律进行研究。

风管出风口中心点所在截面上瓦斯浓度分布如图5-12所示。由图可知，瓦斯浓度自风管出风口中心点向外呈发散状逐渐增大，与风管异侧的掌子面近壁处瓦斯浓度较大，达1.02%。对比几个区域瓦斯浓度发现，涡流区瓦斯浓度明显大于周围区域。

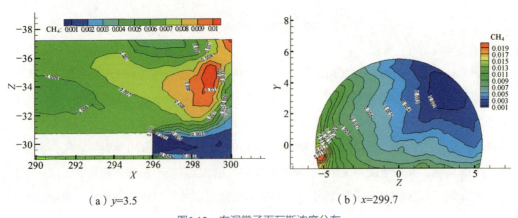

（a）y=3.5　　　　　　　　（b）x=299.7

图5-12 右洞掌子面瓦斯浓度分布

进一步对右洞掌子面前100 m内横断面上的瓦斯分布规律进行讨论分析。

掌子面前0.3 m断面（x=299.7）上瓦斯浓度分布如图5-13（a）所示，瓦斯浓度自靠近风管一侧向远离风管一侧逐渐增大，在远离风管一侧的瓦斯浓度最高可达1.99%，该区域为易发生瓦斯积聚的关键区域，施工通风中应给予关注。

掌子面前100 m断面（x=200）上瓦斯浓度分布如图5-13（b）所示，瓦斯浓度分布均匀，在0.24%左右，此时回风流中瓦斯与空气已基本混合均匀。

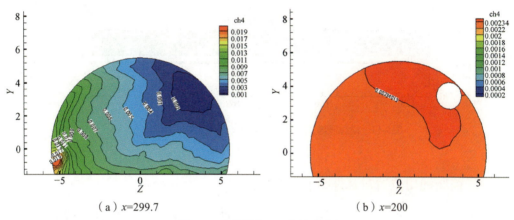

（a）x=299.7　　　　　　　　　　（b）x=200

图5-13　左洞横断面瓦斯浓度分布

3. 横通道与正洞连接处瓦斯分布规律

横通道与正洞连接处的瓦斯浓度分布如图5-14所示，由图可知，右洞掌子面回风流通过横通道内射流风机卷吸引射作用流入左洞，横通道内瓦斯浓度自右洞向左洞流动过程中逐渐减小，由0.2%减小到0.05%，瓦斯进入左洞后，污染了洞内洁净空气，左洞回风道瓦斯浓度增大到了0.05%。右洞内送风段新鲜风流与掌子面回风流交界处瓦斯浓度梯度较大。

在巷道式通风过程中，若送风洞掌子面瓦斯涌出，应特别注意横通道与正洞连接处的通风，因为此处隧道结构形式特殊，易形成涡流区，导致瓦斯积聚难以排出，此外，应把握好送风洞内压送新风到掌子面的轴流风机与横通道的布设间距（模型中风机布设距横通道30 m），尽量避免风机吸风口内卷吸含有瓦斯的气体，导致污染风流的循环，造成掌子面二次污染。

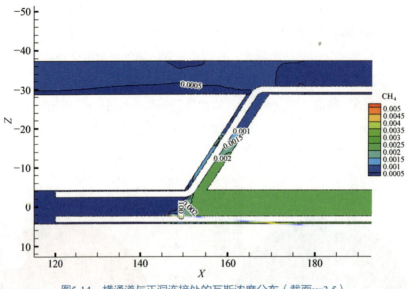

图5-14　横通道与正洞连接处的瓦斯浓度分布（截面$y=3.5$）

5.2.3　瓦斯涌出位置对瓦斯分布的影响

　　双洞隧道施工过程中，由于左、右隧洞施工进度不一定一致，导致各洞掌子面爆破时间不尽相同，这就意味着存在瓦斯在不同位置涌出的情况。为研究瓦斯涌出位置不同对瓦斯分布规律的影响，在涌出面瓦斯涌出量$Q_{CH_4}=0.39$ m³/s，左、右隧洞掌子面风管出风口风量不变（$Q_Z=Q_Y=38.99$ m³/s）的情况下，分别对巷道式通风时瓦斯在左洞（排风洞）掌子面涌出、右洞（送风洞）掌子面涌出及左右洞掌子面同时涌出的工况进行模拟解算。瓦斯在右洞（送风洞）掌子面涌出的数值计算见5.2.2节，下面对其他涌出位置进行数值计算。

1. 瓦斯在左洞（送风洞）掌子面涌出

　　图5-15为瓦斯在左洞掌子面涌出时隧道内瓦斯浓度分布图。由图可知，瓦斯在左洞掌子面涌出时掌子面前瓦斯分布与右洞涌出时一致。射流风机出风口所在断面（$x=250$）仍是瓦斯浓度迅速变化的临界断面。横通道与正洞连接处的瓦斯分布规律与之相差较大，横通道内瓦斯浓度为0。这是由于左洞为排风洞，掌子面回风流不经过横通道而是直接从排风段向洞外排出，不会污染横通道及左洞内洁净空气。

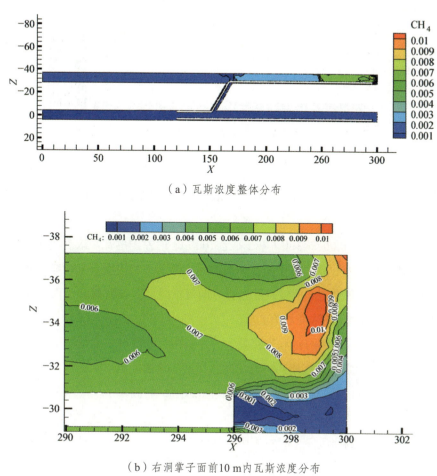

（a）瓦斯浓度整体分布

（b）右洞掌子面前10 m内瓦斯浓度分布

图5-15 隧道轴向剖面瓦斯浓度分布（截面y=3.5）

2. 瓦斯在左、右洞掌子面同时涌出

当瓦斯在左、右洞掌子面同时涌出时，隧道轴向剖面（y=3.5）上瓦斯浓度分布如图5-16所示，瓦斯分布规律是上述两种工况的效果叠加，左、右洞掌子面瓦斯分布规律相近，右洞掌子面回风流瓦斯通过横通道流入左洞，与左洞含有瓦斯的回风流混合，排风段瓦斯浓度在0.2%左右。

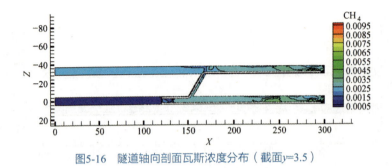

图5-16 隧道轴向剖面瓦斯浓度分布（截面y=3.5）

3种工况下左、右隧洞内轴向瓦斯平均浓度变化情况的对比分析分别如图5-17、图5-18所示。

由图5-17可知，当200<x<300（掌子面前100 m）时左洞的瓦斯浓度变化情况为：左洞掌子面瓦斯涌出和左、右洞掌子面瓦斯同时涌出时，平均浓度变化趋势基本一致，即在掌子面前最高平均浓度达0.86%，沿洞口方向逐渐降低；仅右洞掌子面瓦斯涌出时，左洞掌子面前100 m内瓦斯浓度均为0。

当150<x<200（横通道与正洞连接处）时左洞内瓦斯浓度变化情况为：左洞掌子面瓦斯涌出和左、右洞掌子面瓦斯同时涌出时，瓦斯平均浓度均下降，但前者下降幅度更大，从0.24%下降到0.11%，后者从0.24下降到0.20%；右洞掌子面瓦斯涌出时，瓦斯浓度从0增大到0.05%。

当0<x<150（左洞回风段）时右洞内瓦斯浓度变化情况为：三种工况下瓦斯浓度均保持在某一定值左右，且左、右洞同时涌出时该浓度值最大，达0.20%，左洞涌出时次之，达0.10%，右洞涌出时该值最小，约为0.05%。

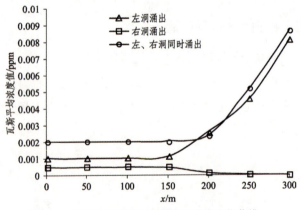

图5-17 左洞（排风洞）瓦斯平均浓度变化曲线

由图5-18可知，当200<x<300（掌子面前100 m）时右洞的瓦斯浓度变化情况为：右洞掌子面瓦斯涌出和左、右洞掌子面瓦斯同时涌出时，平均浓度变化趋势基本一致，即在掌子面前平均浓度最高，约为0.54%，沿洞口方向逐渐降低；左洞掌子面瓦斯涌出时，右洞掌子面前100 m内瓦斯浓度均为0。

当100<x<200（横通道与正洞连接处）时右洞内瓦斯浓度变化情况为：右洞掌子面瓦斯涌出和左、右洞掌子面瓦斯同时涌出时，瓦斯平均浓度均下降，但后者下降幅度更大，从0.30%下降到0，前者从0.23%下降到0；左洞掌子面瓦斯涌出时，右洞瓦斯浓度不受影响，仍然为0。

当0<x<100（右洞送风段）时右洞内瓦斯浓度变化情况为：三种工况下瓦斯浓度均为0，说明无论瓦斯涌出位置在哪个掌子面，送风洞内该送风段全部为新风，不受污染。

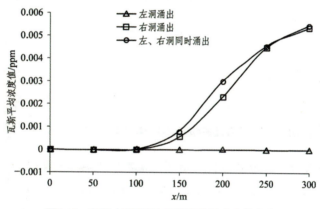

图5-18　右洞（送风洞）瓦斯平均浓度变化曲线

综上所述，当瓦斯仅从左、右隧洞中其中一个隧洞掌子面涌出，各掌子面通风工作均正常进行时，含有瓦斯的污染风流不会污染另一个隧道掌子面附近洁净空气。当瓦斯从排风洞（模型中为左洞）掌子面涌出时，整个右洞（送风洞）内的洁净空气均不会受到污染。在实际通风过程中，应根据瓦斯等有毒有害气体的涌出位置对送、排风洞掌子面供风量进行适当调节，避免能源浪费。

无论瓦斯从哪个隧洞掌子面涌出，横通道内风流与左洞掌子面回流在汇合后向左洞（排风洞）洞口方向流动80~85 m后回风流瓦斯浓度基本稳定。

5.2.4 掌子面硫化氢涌出数值计算

对如下工况仿真模拟结果进行分析：左、右隧洞掌子面风管出风口风量Q_z=Q_y=38.99 m³/s，硫化氢从右洞（送风洞）掌子面涌出，且涌出量Q_{H_2S}=9.41231×10⁻⁷ m³/s。

1. 隧道内硫化氢总体分布规律

图5-19为隧道硫化氢浓度分布图（所选观测面y=3.5为风管出风口中心点所在截面）。由图可知，整体上来看，在掌子面风管出口射流作用下，硫化氢与空气的混合及扩散规律与掌子面瓦斯涌出时相近，均表现为：掌子面前10 m内混合较不均匀；掌子面前50 m所布设的射流风机出口射流与周围空气相互作用形成涡流区，导致该处硫化氢浓度梯度增大，射流流动一定长度后逐渐稳定，行进至横通道与右洞连接处，在通道内射流风机的引射作用下射入左洞，与左洞掌子面回风流相汇合从排风道排出。左洞掌子面附近不受影响，硫化氢浓度为0。

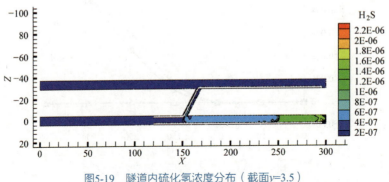

图5-19 隧道内硫化氢浓度分布（截面y=3.5）

图5-20为左、右隧洞洞口至掌子面断面最高硫化氢浓度沿轴向的分布。由图可知，x=150为横通道与正洞的连接处，即为风流的分、合流区域。当x>150时，右洞断面硫化氢最高浓度自掌子面向洞口方向逐渐降低，且掌子面前0.3 m截面硫化氢最高浓度最大，为6.7 ppm；左洞该区段内不受影响，硫化氢浓度均为0。当x<150时，右洞送风段均为新鲜空气，不受污染风流的影响，硫化氢浓度为0；左洞内硫化氢浓度增大，约为0.1 ppm，这是由于该区段为巷道式通风的排风段，是最终混合均匀后的风流排出洞外的渠道，与图5-20所示结论相一致。

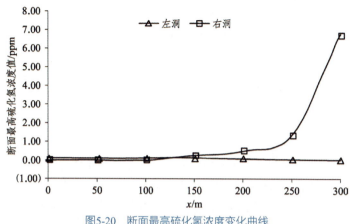

图5-20　断面最高硫化氢浓度变化曲线

2. 掌子面硫化氢分布规律

由于右洞掌子面硫化氢涌出对左洞并无影响，故仅对右洞掌子面硫化氢分布规律进行研究。风管出风口中心点所在截面上硫化氢浓度分布如图5-21所示。由图可知，风管所在一侧截面上硫化氢浓度分布明显低于异侧。硫化氢浓度变化梯度自风管所在一侧至另一侧逐渐增大，这是由于管口射流冲击至掌子面，将掌子面溢出硫化氢向另一侧驱散，该侧硫化氢在短时间内受空间限制无法与新鲜空气混合完全并排出，加之硫化氢密度大于空气密度，导致该侧隧道下隅角硫化氢聚集，最高硫化氢浓度达6.7 ppm。此外，射流区与回流区之间的涡流区域硫化氢浓度也明显高于周围区域。

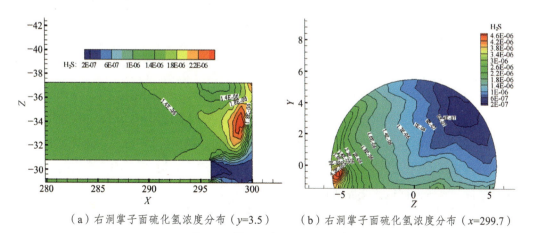

（a）右洞掌子面硫化氢浓度分布（$y=3.5$）　　　（b）右洞掌子面硫化氢浓度分布（$x=299.7$）

图5-21　掌子面硫化氢浓度分布

进一步对右洞掌子面前100 m内横断面上的硫化氢分布规律进行讨论分析。掌子面前0.3 m断面（$x=299.7$）上硫化氢浓度分布如图5-22（a）所示，硫化氢浓度自靠近风管一侧向远离风管一侧逐渐增大，在远离风管一侧底端近壁处硫化氢浓度最高。该区域易发生硫化氢积聚。掌子面前100 m断面（$x=200$）上硫化氢浓度分布如图5-22（b）所示，硫化氢浓度分布均匀，在0.5 ppm左右，此时回风流中硫化氢与空气已基本混合均匀。

对比瓦斯在横断面上的分布发现：当硫化氢（重质气体代表）在送风洞掌子面涌出时，硫化氢在与空气混合的过程中靠近地表处硫化氢浓度高于靠近拱顶的硫化氢浓度，与瓦斯（轻质气体代表）和空气混合规律相反。因此在实际通风过程中，应根据不同的有毒有害气体特性合理确定通风管、射流风机等的布设位置。

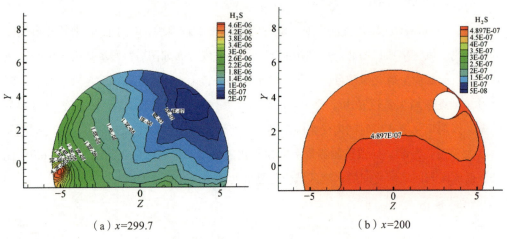

（a）$x=299.7$　　　　　　　　　（b）$x=200$

图5-22　左洞横断面硫化氢浓度分布

横通道与正洞连接处的硫化氢浓度分布如图5-23所示。由图可知，与瓦斯的分布规律相似，右洞掌子面回风流通过横通道内射流风机卷吸引射作用流入左洞，横通道内硫化氢浓度自右洞向左洞流动过程中逐渐减小，由0.5 ppm减小到0.13 ppm，硫化氢进入左洞后，污染了洞内洁净空气，左洞回风道硫化氢浓度增大到约0.1 ppm。右洞内送风段新鲜风流与掌子面回风流交界处硫化氢浓度梯度较大。由于硫化氢密度大于空气，当横通道内风流射入左洞时，受左洞壁面限制，风流将自壁面向可发展空间流动，易造成左洞底面近壁处硫化氢积聚，在施工通风过程中应对此采取有效防治措施。

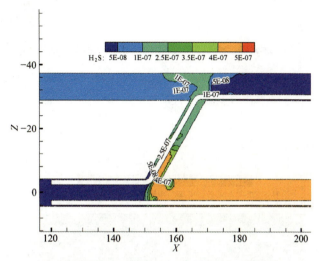

图5-23　横通道与正洞连接处硫化氢浓度分布（截面y=3.5）

5.2.5　硫化氢涌出位置对硫化氢分布的影响

为研究硫化氢涌出位置不同对硫化氢分布规律的影响，在涌出面硫化氢涌出量Q_{H_2S}=9.41231×10^{-7} m³/s，左、右隧洞掌子面风管出风口风量不变（Q_Z=Q_Y=38.99 m³/s）的情况下，分别对巷道式通风时硫化氢在左洞掌子面涌出、右洞掌子面涌出及左右洞掌子面同时涌出的工况进行模拟解算。

硫化氢在右洞掌子面涌出时的具体分析如5.2.4节中所述，下面对其他涌出位置进行数值计算。

1. 硫化氢在左洞（送风洞）掌子面涌出

图5-24为硫化氢在左洞掌子面涌出时隧道内硫化氢浓度分布。由图可知，硫化氢在左洞掌子面涌出时掌子面前硫化氢分布与右洞涌出时一致。射流风机出风口所在断面（x=250）仍是硫化氢浓度迅速变化的临界断面。横通道与正洞连接处的硫化氢分布规律与之相差较大，通道内硫化氢浓度为0。这是由于左洞为排风洞，掌子面回风流不经过横通道而是直接从排风段向洞外排出，不会污染横通道及左洞内洁净空气。

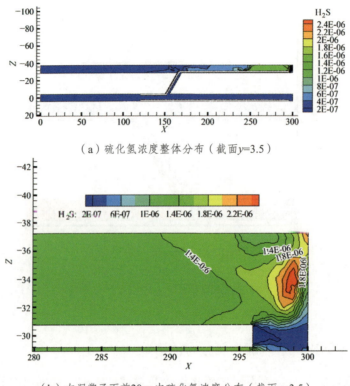

（a）硫化氢浓度整体分布（截面 $y=3.5$）

（b）左洞掌子面前20 m内硫化氢浓度分布（截面 $y=3.5$）

图5-24 隧道典型剖面上硫化氢浓度分布

2. 硫化氢在左、右洞掌子面同时涌出

当硫化氢在左、右洞掌子面同时涌出时，隧道轴向剖面（$y=3.5$）上硫化氢浓度分布如图5-25所示，左、右洞掌子面硫化氢分布规律相近，右洞掌子面回风流通过横通道流入左洞，与左洞含有硫化氢的回风流混合，排风段硫化氢浓度在0.3 ppm左右。整个隧道内除右洞（送风洞）送风段内为洁净空气外，其余部分均含有不同浓度的有害气体硫化氢。

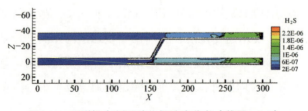

图5-25 隧道轴向剖面硫化氢浓度分布（截面 $y=3.5$）

3种工况下左、右隧洞内轴向硫化氢平均浓度变化情况的对比分析分别如图5-26、图5-27所示。

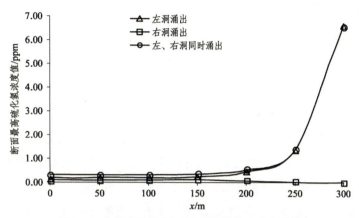

图5-26　左洞（排风洞）硫化氢平均浓度变化曲线

由图5-26可知，当200<x<300（掌子面前100 m）时左洞的硫化氢浓度变化情况为：左洞掌子面硫化氢涌出和左、右洞掌子面硫化氢同时涌出时，平均浓度变化趋势基本一致，即在掌子面前最高平均浓度达6.7 ppm，沿洞口方向逐渐降低；仅右洞掌子面硫化氢涌出时，左洞掌子面前100 m内硫化氢浓度均为0。

当150<x<200（横通道与正洞连接处）时左洞内硫化氢浓度变化情况为：左洞掌子面硫化氢涌出和左、右洞掌子面硫化氢同时涌出时，硫化氢平均浓度均下降；右洞掌子面硫化氢涌出时，硫化氢浓度增大。

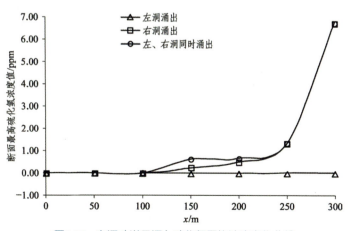

图5-27　右洞（送风洞）硫化氢平均浓度变化曲线

当0<x<150（左洞回风段）时左洞内硫化氢浓度变化情况为：三种工况下硫化氢浓度均保持在某一定值左右，且左、右洞同时涌出时该浓度值最大，左洞涌出时次之，右洞涌出时该值最小。

由图5-27可知，当250<x<300（掌子面前100 m）时右洞的硫化氢浓度变化情况为：右洞掌子面硫化氢涌出和左、右洞掌子面硫化氢同时涌出时，平均浓度变化趋势基本一致，即在掌子面前平均浓度最高，约为6.7 ppm，沿洞口方向逐渐降低；左洞掌子面硫化氢涌出时，右洞掌子面前100 m内硫化氢浓度均为0。

当100<x<250时右洞内硫化氢浓度变化情况为：右洞掌子面硫化氢涌出和左、右洞掌子面硫化氢同时涌出时，硫化氢平均浓度均下降，但后者硫化氢浓度均大于前者；左洞掌子面硫化氢涌出时，右洞硫化氢浓度不受影响，仍然为0。

当0<x<100（右洞送风段）时右洞内硫化氢浓度变化情况为：三种工况下硫化氢浓度均为0，说明无论硫化氢涌出位置在哪个掌子面，送风洞内该送风段全部为新风，不受污染。

综上所述，当硫化氢仅从左、右隧洞中其中一个隧洞掌子面涌出，各掌子面通风工作均正常进行时，含有硫化氢的污染风流不会污染另一个隧道掌子面附近洁净空气。当硫化氢从排风洞（模型中为左洞）掌子面涌出时，整个右洞内的洁净空气均不会受到污染。无论硫化氢在哪个掌子面涌出，送风洞（模型中为右洞）送风段新鲜空气均不会受到污染，横通道内风流与左洞掌子面回流在汇合后向左洞（排风洞）洞口方向流动约80 m后回风流硫化氢浓度基本稳定。

◆ 第6章　隧道施工通风管理与除尘

6.1　隧道通风系统测试

　　隧道内有毒有害气体的检测是隧道施工期的主要环保措施，特别是对于无轨运输的隧道尤其重要，因为无轨运输隧道施工时，出碴车、装载机、挖掘机、罐车等会产生大量有毒有害气体。

6.1.1　气体检测的原理及对象

1. 气体检测的原理

　　根据空气动力学原理，分子间存在斥力，一定体积的空气在一定压力和温度下，气体的分子数目相对稳定，只要有其他气体分子进入就会改变原有气体中单一气体的浓度。测定气体的浓度，根据其变化规律，综合考虑气体各组分的浓度，就可以判断其他有害气体的浓度。

　　气体检测仪的关键部件是气体传感器，气体传感器从原理上可以分为三大类：

　　（1）利用物理化学性质的气体传感器：如半导体式（表面控制型、体积控制型、表面电位型）、催化燃烧式、固体热导式等。

　　（2）利用物理性质的气体传感器：如热传导式、光干涉式、红外吸收式等。

　　（3）利用电化学性质的气体传感器：如定电位电解式、迦伐尼电池式、隔膜离子电极式、固定电解质式等。

　　对于隧道施工中对人体危害最大的H_2S、CO、氮氧化物等，主要是利用电化学传感器原理进行检测。电化学传感器的原理是：将两个反应电极（工作电极和对电极）以及一个参比电极放置在特定电解液中，然后在反应电极之间加上足够的电压，使透过涂有重金属催化剂薄膜的待测气体进行氧化还原反应，再通过仪器中的电路系统测量气体电解时产生的电流，然后由其中的微处理器计算出气体的浓度。

2. 主要检测对象

对于无轨运输隧道，机动车辆排放的尾气中，气态的CO、氮氧化物是主要的有害成分。目前，对隧道空气污染的治理方法是以稀释有害成分浓度为目的的通风换气法。

隧道内空气环境指标是否合格，不能以某种单一污染物指标武断评价。隧道施工的主要检测对象为风速、风量、CO浓度、NO_2浓度、H_2S浓度等指标，定期对上述指标进行检测，并以此为依据合理安排各项施工工序。如果某项指标超标，应立即上报工区有关部门，理顺环境保护与隧道施工的关系，重视其环境危害，积极主动采取合理措施，使其危害降到最低限度。

下面将几个物理基础参数说明如下：

（1）风流密度。

一定条件下，单位体积气体的质量叫作密度，通常用ρ表示：

$$\rho = \frac{3.484(P_s - 0.3779\phi P_b)}{273.15 + t}$$

式中：P_s——风流的绝对静压，空盒气压计读数（kPa）；

ϕ——风流的相对湿度（%）；

P_b——饱和水蒸气的绝对分压（kPa）；

t——风流的干温度（℃）。

（2）空气温度。

空气温度表示空气的冷热程度，是空气分子热运动的集体表现，单位为℃或K。在测算空气湿度时用到两类温度值：干球温度和湿球温度。干、湿温度计是专门用于测量干球温度和湿球温度的主要仪器设备。

（3）空气湿度。

空气湿度表示在单位体积（或重量）的空气中含有的水蒸汽量。定量主要有三种方法：绝对湿度、饱和绝对湿度和相对湿度。测算空气的湿度时，须先测出相对湿度，即用干球温度计和湿球温度计分别测出空气的干温度t（℃）和湿温度t_w（℃），根据这两个数来计算相对湿度值。

（4）噪声的测试。

在隧道施工的特殊环境中，机械化程度高、场地狭小，噪声通过四周的反射而加强，严重危害作业工人的身体健康。调查隧道机械化施工中的噪声状况及其危害，为施工单位采取措施提供依据，保护作业人员身心健康、提高工作效率。因此，有必要采用数字式声级计，按规范对隧道凿岩、出渣、喷锚、衬砌，混凝土搅拌机、通风机等噪声源进行测试。

通风方案实施以后，能否达到设计要求，或者设计本身是否存在问题，这些都需要通过温度、湿度、管路的进出口风量、管路的百米漏风率以及工作面有害气体浓度变化等项目进行测试，以便对存在的问题进行修正。

6.1.2　隧道风速现场测试

1. 测试项目及方法

（1）平均风速。

隧道压入式施工通风中，空气受到挤压由掌子面往洞口流动，由于空气与隧道壁面存在摩擦阻力以及空气的黏性，隧道内同一横断面上各点风流的速度大小及方向是不相同的，即使长大隧道内空气作一维单向流动，隧道中心和隧壁表面的速度也存在着较大的差异，因此常用隧道断面上的平均风速来反映该断面的速度大小以及计算隧道内的风量。

将待测试隧道断面近似平均分成若干个小块（各小块面积越小，所求得风速越接近实际，也越准确，不过实际操作也就越困难，因此一般每一个分块面积在1 m^2左右），将风速表置于每小块面积的形心处，尽量避免靠隧道壁面太近，分别量测出各小块面积上的风速V_i，各小块面积上的风量为$V_i f_i$，全断面的风量应为$\sum V_i f_i$，则平均风速计算如下：

$$V_{cp} = \frac{\sum V_i f_i}{F}$$

式中：V_{cp}——断面上平均风速（m/s）；

　　　V_i——第i小块面积上的风速（m/s）；

　　　F——隧道的横断面积（m^2）；

　　　f_i——第i小块的面积（m^2）。

（2）平均风速系数。

若单独地对每个待测断面进行速度现场测试，工作量大并且会影响来回运输车辆通行，因此为了不影响隧道施工作业和提高风速现场测试效率，方便测出隧道某一断面上的平均风速，常采用测定断面风速系数的办法。风速系数K为断面上的平均风速V_{cp}与断面上确定点的风速V_k的比值，其计算公式为

$$K = \frac{V_{cp}}{V_k}$$

式中：K——任意固定点的风速系数；

V_k——任意固定点的风速（m/s）。

在现场测试中，选择两个代表性的断面，在隧道爆破后通风机开启以及没有运渣车辆通行时，采用平均风速法测试断面风速，将隧道断面分成若干个小块面积，将风速表置于每小块面积的形心处，然后分别量测出各小块面积上的风速，记录数据风速以及小块面积大小，然后利用公式计算出各小块面积上的风量以及断面的平均风速。同时在左、右侧人行道距地面2 m高处放置风速表，测定两点的风速，利用公式计算出代表性断面的平均风速系数k_1、k_2。当隧道内有车辆通行或者提高隧道测试速度时，为了在不影响施工作业的情况下得到隧道横截面的平均风速，使用风速表k_1或k_2测试风速，通过测取k_1、k_2点的风速乘以平均风速系数计算隧道断面的平均风速。

（3）风量。

在隧道施工通风中，根据连续性方程，断面处的风量计算如下式：

$$Q = F \cdot V_{cp}$$

式中：Q——测量断面处风量（m³/s）；

F——断面面积（m²）。

2．风速测试方案

（1）测试仪器。

测试仪器采用多点平均风速仪，2只机械风表，2根高度为2 m的风表杆，5套可伸缩铝合金风表支架，2只秒表，如图6-1所示。

（a）多点平均风速记录仪　　　（b）传感器　　　（c）翼式风表

图6-1　多点平均风速测试仪器

（2）代表性测试断面布设。

测试断面选择在华蓥山隧道有代表性的3个断面上，并且各断面距离轴流风机、射流风机、隧道进出口、风管出口均较远，气流比较平稳。

1号断面：选择在距隧道入口100 m处。2号断面：选择在隧道中间断面，距入口600 m左右。3号断面：选择在二次衬砌断面，距入口1100 m处。

（3）测试步骤。

应在隧道风机开启运行稳定，且运渣车辆通过之后气流干扰消除后开展测试，以免产生误差。

①将华蓥山隧道测试断面划分成13块面积大致相等的小块断面（图6-2），按照图示尺寸架设5套可伸缩铝合金风表支架，在支架上将磁悬浮风速传感器安装牢固，位置是各分块面积的形心处，在支架上按顺序编号牢固绑好电缆线，在多点平均风速仪的转接盒上把编好号的电缆线按顺序接上，并接上主机和电源，待风流稳定后开始读数。在测站的下风向，人员进行测试，观测者在读数时不应遮挡风流。

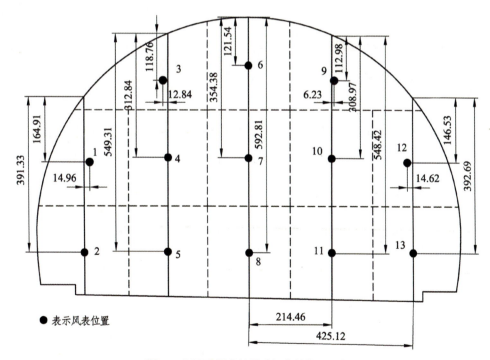

● 表示风表位置

图6-2　断面布置分块图（长度单位：cm）

②在此测试断面上的k_1、k_2点处安装机械风表2只，如图6-3所示，在k_1、k_2点观测者站在测站的下风一定距离处，不应遮挡风流，记录并读数。

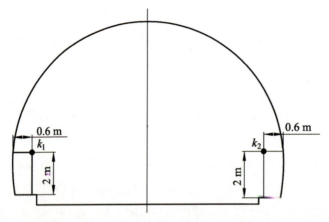

0.6 m
k_1
2 m

0.6 m
k_2
2 m

图6-3　K_1、K_2在隧道断面的位置（长度单位：m）

③在3个代表性隧道断面，多点平均风速仪和2个机械风表同时开始测量，1 min读数1次，1组测试10 min，测读2组数据，断面平均风速系数取算数平均值。

6.1.3　隧道风压力现场测试

1. 测试项目及方法

（1）通风压力。

通风压力为单位面积上空气沿法线方向作用的压力，简称风压。风压有绝对压力和相对压力。隧道内的风流有位能、压能和动能三种形式，并在隧道内相互转化。

（2）断面压力差。

断面压力差是指隧道内风机压力为了克服隧道沿程和局部通风阻力而损失的一种空气能量，其值等于隧道相应断面上的总压差。图6-4为现场测试两断面压力差示意图。

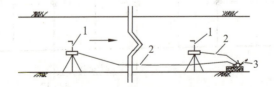

1—静压管；2—胶皮管；3—精密压差计。

图6-4　测压差示意图

另外，在流动过程中由于克服通风阻力要损失压力，反映为风流压力降低。表示沿流程空气能量损失和三种能量相互转换的图称为压力坡度图，通过绘制通风压力坡度图能直观反映各断面上压力的大小与变化关系。

2. 风压测试方案

（1）测试仪器。

主要仪器有毕托管2只、精密数字压差计1台、风表2只、干湿度计和空盒气压计各1只，胶皮管、塑料管若干（图6-5）。

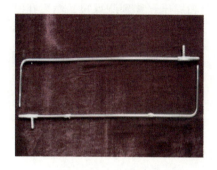

（a）毕托管　　　　　　　（b）XTE-1000精密数字压差计

图6-5　风压测试仪器

（2）测试断面布设。

从隧道进口50 m开始，每隔100 m左右布置测试1个断面，即在距离洞口50 m、150 m、250 m、350 m、450 m、550 m、650 m、750 m、850 m、950 m、1050 m、1150 m处共布置12处测试断面。其中，为了反映隧道压力变化规律和射流风机的升压作用，在第4和第5测试断面中间专门布置1台射流风机供现场测试使用，加之二次衬砌处现有的1台，一共2台射流风机。

（3）测试步骤。

测试过程中隧道内应无车辆通过，轴流风机和射流风机运转正常，通风状况良好稳定。测试前，同时将胶皮管在隧道内全长铺设，做好提前换气的准备。测试过程中，胶皮管接头处连接要牢靠、严密，同时严防水和其他杂物进入，防止车辆和行人挤压或损坏胶皮管。具体步骤如下：

① 在1、12断面的测点处分别架设机械风表，使风表正对风流，并在2个机械表杆上

各绑上1个毕托管，把两根胶皮管分别连接在两根毕托管的静压端，毕托管正对风流。

③在断面12的下风侧4~6 m处安置微差压计并调零，用胶皮管分别连接高压和低压端，把断面12处的塑料管的另一端接在差压计的低压端，同时用接头把断面1处的塑料管的另一端接在差压计的高压端，微差压计在风表杆上应垂直悬挂。

④分别将断面1、12连接毕托管的胶皮管和塑料管连接好，然后开始测量两断面风速、压差、干温度、湿温度和大气压力。1人观测并记录断面1风速，1人观测并记录断面12风速，1人测读电子差压计，1人测读两断面的干温度、湿温度和大气压力，1 min观测1次，1组观测10次，测读5组左右数据记入记录表中。

⑤上述工作完毕后，将测点12的三角架和静压管移到测点11，然后在测点1和测点11之间用同样的方法进行测定。依次类推，直到测完最后1个测点2为止。

6.2　风机管理

6.2.1　风机的基本管理

1. 风机的安装和移动

随着作业面的向前推进，有时需要安装和移动风机。该工作由技术人员、安装组和风机维修工共同完成。

2. 风机的运行

通风机正常地运转是保证通风正常的首要条件。风机开关和运行由风机司机负责。要求如下：

（1）根据安拆组的通知信号开关风机；

（2）风机启动和关闭方法要符合风机的操作规程；

（3）对风机的运行状况做好记录，以备查询，特殊情况及时汇报；

（4）经常对风机进行简单保养。

3. 风机的维修

风机的维修由维修工负责完成。要求如下：

（1）要经常了解风机运行情况；

（2）定期对风机进行保养、检修；

（3）损坏风机及时修理。

6.2.2　风机管理实例

通风方案一般都是根据施工方法和施工组织来设计的，施工过程中，通常会根据通风系统的测试结果，对轴流风机的位置、风机的数量进行一定的调整。

1. 工程概况

米仓山隧道在掘进到5500 m时，隧道斜井、13#人行横通道（K49+300）已经贯通，隧道内采用射流巷道式通风（图6-6），即在隧道内设置射流风机，促进隧道内空气流动，以达到引入新鲜空气和排除污染气体的目的。

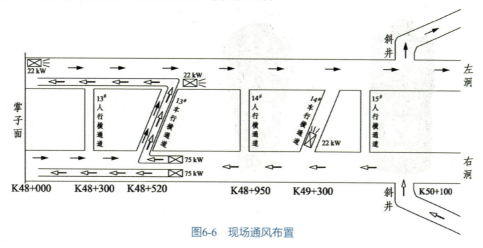

图6-6　现场通风布置

在通风方案中，新鲜空气主要从隧道右洞的斜井进入右洞，由两台功率为75 kW的轴流风机分别将新鲜空气压入隧道左洞、右洞掌子面，并在隧道左洞掌子面、13#车行横通道外设置22 kW射流风机，使隧道内污染气体由左洞斜井排出隧道。

2. 现场存在问题

由图6-6可知，在13#人行横通道和车行横通道贯通之后，14#人行横通道和车行横通道都没有封闭。同时，在14#车行横通道内放置22 kW的射流风机，将隧道右洞的空气吸入横通道。这些都可能导致由右洞进入隧道的新鲜空气的损失，甚至影响隧道内整个通风系统的效果，从而导致隧道内掌子面温度过高、污染气体不能及时排除，以及隧道左洞污染气体流速过慢而滞留等问题。

3．现场测试方案及结果

（1）测试内容。

由现场工作人员反馈，隧道内存在掌子面温度高、14#人行横通道和车行横通道之间区域污染物浓度高、风压机工作温度高等问题。因此，本次通风测试内容主要包括：风速；温度；掌子面氧气、一氧化碳浓度。

（2）测试仪器。

根据需要测试的项目，测试仪器包括：便携式氧气检测报警仪（可同时检测氧气、一氧化碳的含量)、手持式风速仪和温度计，如图6-7所示。

（a）便携式氧气检测报警仪　　　（b）手持式风速仪　　　　　　（c）温度计

图6-7　现场通风测试仪器

（3）测点布置及测试结果。

根据实际问题，测点主要布置在以下位置：

①左洞、右洞掌子面附近；

②未封闭的人行、车行横通道；

③风压机附近；

④左洞13#和14#车行横通道之间区段；

⑤隧道斜井。

在隧道内进行了两次通风测试，分别为13：00—14：20和空压机打开后的19：00—20：00的两个时段。具体测点布置、测试结果如图6-8、图6-9所示。

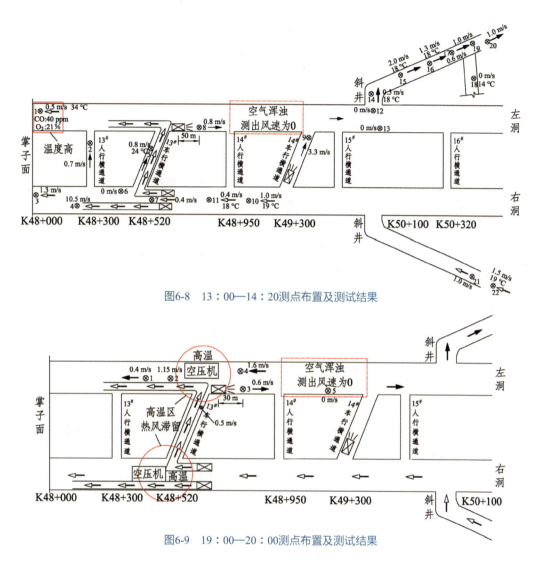

图6-8　13：00—14：20测点布置及测试结果

图6-9　19：00—20：00测点布置及测试结果

对米仓山隧道出口段射流巷道式通风进行了现场测试，测试过程中，轴流风机、两台射流风机均处于开启状态。总的来说，新鲜空气由右洞斜井进入隧道，通过轴流风机送到掌子面，再由左洞斜井排出隧道。但是，现场通风仍然存在一些问题，由图6-8可知，左洞掌子面风速为0.5 m/s，温度为34 ℃，一氧化碳含量略微超标，温度过高是主要问题；在14#人行横通道与14#车行横通道之间区域即红色虚线框区域，现场测得的风速为0，出现空气混浊的问题。由图6-9可知，在空压机处于开启状态时，13#车行横通道两侧均出现高温现象，热空气停滞而无法流动，导致部分机器因高温而无法工作。

141

4. 测试结果分析及优化建议。

（1）测试结果分析。

结合测试结果对出现的问题进行分析可以发现，掌子面温度过高是由于送达掌子面的新鲜空气总量小、污染气体的排出速度慢等原因引起的，故应在左洞设置射流风机，以增加后方巷道内污染气体的排出速度，同时提高轴流风机送风效率，加快前方掌子面附近污染气体的排出速度。同时，为保证隧道通风系统总体效率，应当封闭掌子面后方的部分横通道，防止由右洞斜井进入的新鲜空气直接进入左洞继而排出的现象发生。

（2）结论及优化建议。

对此阶段米仓山隧道采用的射流巷道式通风方式进行现场测试以及数据分析后，可以得出以下结论：

①左洞掌子面附近空气质量差、温度较高；

②一部分新鲜空气由14#人行横通道、14#车行横通道流向左洞，导致进入隧道前方的新鲜空气减少，降低了通风效率；

③在隧道左洞14#人行横通道和14#车行横通道之间，存在风速基本为0的危险区域，该区域容易发生有毒有害气体积聚；

④进入风压机空气质量较差以及左洞空气流动缓慢等因素，是导致风压机附近高温、热空气停滞在13#车行横通道两侧的主要原因。

根据对本次通风测试结果的分析，对米仓山隧道射流巷道式通风的优化提出两种方案，分别如图6-10、图6-11所示。

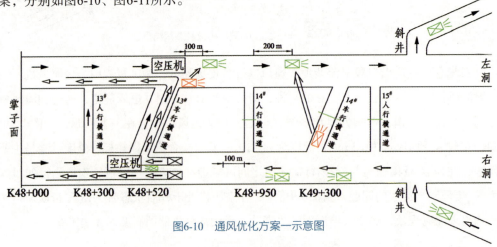

图6-10　通风优化方案一示意图

方案一：

①在隧道右洞增加两台功率为22 kW的射流风机，位置如图6-10所示，提高隧道内新鲜空气的速度，保证隧道内新鲜空气的浓度。

②将隧道左洞13#车行横通道附近射流风机移动到距空压机100 m处，将14#车行横通道内的射流风机移动到左洞距14#人行横通道200 m处，加快左洞污染气体的排出效率。

③封闭14#人行横通道、14#车行横通道和15#人行横通道，确保更多的新鲜空气流向前方工作区域，提高通风效率。

④在隧道左洞斜井内设置一台22 kW射流风机，朝斜井外；在隧道右洞斜井内设置一台22 kW射流风机，朝斜井内；加快新鲜空气进入隧道、污染空气排出隧道的速度。

⑤在右洞风压机后方设置一台小功率的射流风机用于降低风压机的工作温度，保证空压机正常工作。

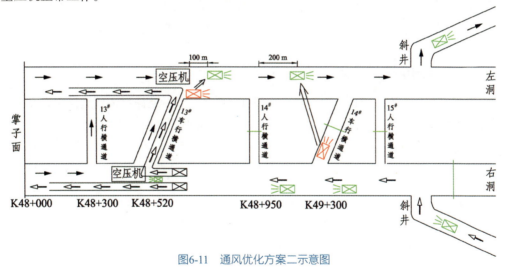

图6-11　通风优化方案二示意图

方案二：

为了使隧道内通风效果达到理想状态，提出方案二，即在包括方案一的五条建议的基础上，提出第六条建议：

⑥将右洞斜井后方封闭（如图6-11绿线所示），运输车辆均由左洞进入；保证进入右洞的新鲜空气的质量，同时污染气体都集中在左洞由左洞斜井排出。

6.3 通风管路管理

通风管路的管理主要包括风管的安装与拆卸、维护和更换以及修补等工作。

6.3.1 风管的基本管理

1. 风管的安装与拆卸

随着隧道作业面向前推进，需要不断安装风管，接长管路，使管路出口紧跟掌子面。另外，由于工作面的转移，原来的管路也需要拆卸。

管路的安装与拆卸有如下要求：

（1）风管的连接方向，应使有衬里的一头朝向风流的方向；

（2）风管的安装时间应尽量避免在掌子面需要进风之时；

（3）在易遭受破坏的地段，安装的新接风管一律采用节长为10 m的风管。

2. 管路的维护和更换

要保证工作面有足够的有效风量，加强管路维护、减少管路漏风就显得尤为重要。因此，需要经常检查风管的破损情况、接头拉链是否破损以及吊挂是否牢固等，并及时维护或更换。

管路的维护有如下要求：

（1）对于已衬砌或进入安全地段的风管，要换成20 m或30 m节长的风管；

（2）在易损地段更换风管时应采用10 m节长的风管；

（3）对轻微破损的风管可在洞内修补；

（4）放炮作业时，要提前进行停风保护。

6.3.2 风管管理实例

隧道独头施工中，通常采用管路通风把新鲜空气送到施工作业面，把有害气体和粉尘等从工作面排出，以创造满足施工需要的作业环境。管路漏风是管路通风的主要问题，管路漏风率是评价管路安装和维护质量好坏的主要标准，是确定风机供风量的主要依据之一。

在隧道施工现场，由于对风管的保护不佳，施工区域破坏风管的情况常常发生，导致了风管漏风率增大，压入式风管送风量大大减少，进入隧道掌子面的新鲜空气也相应减少，使得隧道内工作环境恶化，甚至危害到工人的安全。

出现这种情况，应检查风管的破损情况、接头拉链是否破损以及吊挂是否牢固等，并及时对破损风管进行修补，保证风管漏风率在允许的范围内，也达到了节省通风费用的目的。

6.4　监测管理

通风监测主要包括自动监测系统和人工监测系统的管理。

6.4.1　监测系统

1．自动监测系统

瓦斯隧道必须建立自动监测系统，非瓦斯隧道有时也需要建立这样的系统，以实现对隧道施工环境的自动监控，保证施工安全。要求如下：

（1）定期对探头进行校正或标定；

（2）随着工作面的推进及时移动探头；

（3）及时对监测数据进行分析、整理和归档。

2．人工监测

人工监测由监测环境组负责完成。要求如下：

（1）监测员必须执行巡回检查和现场交接班制度；

（2）做好检测记录并填写报表，及时向项目负责人报告监测结果；

（3）重点监测开挖工作面附近、放炮地点附近、局部塌方冒顶处、电动机与开关附近等。

6.4.2　有毒有害气体现场监测

在对华蓥山隧道射流巷道式施工通风过程进行仿真分析并以分析结果作为参考进行了通风方案设计以后，为进一步验证通风方案的实施效果，通过专用器具对隧道内一些危险点进行监测，对监测点的通风参数和空气质量进行分析，由此判断华蓥山隧道通风方案是否满足实际通风需要，同时为方案的优化改进提供可靠依据。

1. 监控方案总述

根据设计和实际的要求，结合本隧道特点，选用KJ90NA型煤矿安全综合监控系统，监控系统委托专业单位安装管理。

KJ90NA型煤矿安全综合监控系统通过在隧道内安装的瓦斯传感器、硫化氢、一氧化碳、风速、温度等传感器测定洞内瓦斯浓度、一氧化碳浓度、硫化氢浓度、风速、温度等通风参数，并将信息反馈至主控计算机进行分析处理，瓦斯超标时自动声光报警，再通过设备的开停传感器以及馈电、断电器对被控设备自动断电。该系统主要对洞内瓦斯等有毒有害气体、风量以及主要风机进行风电瓦斯闭锁和风量控制，及时准确地对洞内各掌子面的瓦斯、硫化氢等有毒有害气体状况进行24小时监控。

2. 监控系统配置方案及设备组成

（1）监控系统配置方案。

华蓥山隧道采用双向掘进，隧道进出口各布设1套瓦斯监控系统。每套系统均配备主机、监控软件、甲烷传感器、硫化氢传感器、一氧化碳传感器、风速传感器、温度传感器、监控分站、传输接口、UPS电源、交换机、打印机、电缆等。巷道式通风阶段隧道安全监控系统设备平面布置如图6-12所示。

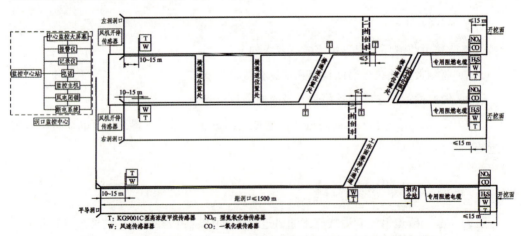

图6-12　华蓥山隧道KJ90NA安全综合监控系统巷道式通风阶段布置平面图

（2）监控系统主要设备组成。

①甲烷传感器、硫化氢传感器、一氧化碳传感器的布设。

a．甲烷传感器。

分别布置于掌子面、掌子面回风流处、二衬施工作业面、联络横洞、仰拱及仰拱作业面、防水层施工处、局扇以及配电设备布设点附近等位置。

传感器宜自由悬挂在拱顶下0.3 m处，且迎风流和背风流0.5 m内不得有阻挡物。悬挂处支护良好、无滴水，施工作业过程中不得损坏传感器。

b．硫化氢传感器。

分别布置于掌子面、掌子面回风流处、二衬施工作业面、联络横洞、涌出点附近等位置。

传感器主要布设在隧道底部及离地面1.5 m高的位置处。

c．一氧化碳传感器。

分别布置于掌子面、掌子面回风流处、二次衬砌施工作业面、仰拱及仰拱作业面、射流风机处等位置。

传感器应垂直悬挂于拱顶下不大0.3 m、距离侧壁不小于0.2 m处，且迎风流和背风流0.5 m内不得有阻挡物，悬挂处支护良好、无滴水。

②洞口主控计算机监控中心。

③阻燃专用传输电缆。

④瓦斯断电仪和瓦斯风电闭锁装置。

⑤洞内分站。

监控系统主要设备连接如图6-13所示。

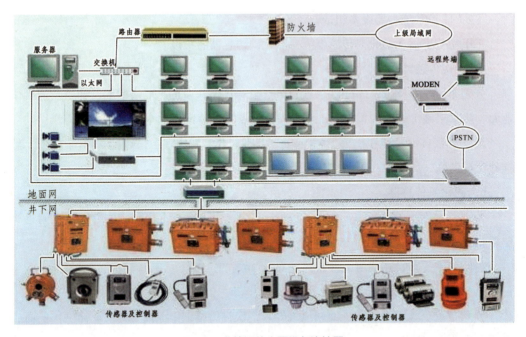

图6-13　监控系统主要设备连接图

3. 监测结果及分析

根据监测系统反馈数据，比照隧道施工作业环境相关标准，分别对左、右隧洞掌子面通风效果进行分析。

由于实际施工中监测系统监测显示爆破后掌子面有毒有害气体主要以一氧化碳和硫化氢为主，故本书仅对随机抽取的左、右洞掌子面爆破后一氧化碳和硫化氢浓度变化数据进行分析。

（1）左洞掌子面通风效果。

监测系统测得的爆破后左洞掌子面前15 m处硫化氢浓度变化如图6-14所示，其中6-14（a）、（b）分别对应两个工作日爆破后掌子面硫化氢浓度随通风时间的变化。

由图6-14可知，爆破后前期，由于硫化氢尚未扩散至传感器布设处，掌子面前15 m处硫化氢起始浓度为0，随着时间的推移，该处硫化氢浓度值先增大到峰值，再逐渐减小，浓度从0增大到峰值的速率明显大于从峰值下降到0的速率。爆破后产生硫化氢的量不同，将其浓度稀释至规范规定值以下所需时间也不同。由图6-14（a）可知，此次爆破后，开启通风设施，通风1.53 min后，掌子面前15 m处硫化氢浓度便达到峰值27.5

ppm，通风6.25 min以后，硫化氢浓度已降低至6.25 ppm，小于规定的隧道内硫化氢浓度上限值6.6 ppm；在通风15 min以后，该处硫化氢浓度值已降低到0。由图6-14（b）可知，此次爆破后，开启通风设施，通风5.65 min后，掌子面前15 m处硫化氢浓度便达到峰值6.75 ppm；通风6.5 min以后，硫化氢浓度已降低至6.5 ppm，小于规定的隧道内硫化氢浓度上限值6.6 ppm。

整体而言，不管爆破后产生的硫化氢总量多少，从爆破至硫化氢浓度稳定均呈现明显的快速增大、逐渐减小的特征。爆破后产生硫化氢的量不同，将其浓度稀释至规范规定值以下所需时间也不同。

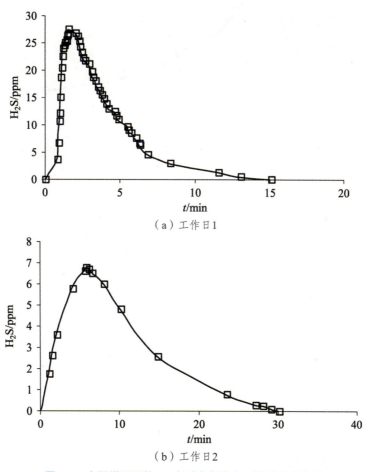

（a）工作日1

（b）工作日2

图6-14　左洞掌子面前15 m处硫化氢浓度-时间变化示意图

监测系统测得的某工作日爆破后左洞掌子面前15 m处一氧化碳浓度变化如图6-15所示。爆破后，开启通风设施，通风11.48 min后，掌子面前15 m处一氧化碳浓度便达到峰值72 ppm；通风52.38 min以后，一氧化碳浓度降低至22 ppm，小于规定的隧道内一氧化碳浓度上限值24 ppm。同硫化氢浓度变化趋势相近，一氧化碳浓度变化也呈现"快速增大，逐渐减小"的特征，即一氧化碳浓度从最小值增大到峰值的速率明显大于从峰值减小到规定值的速率。

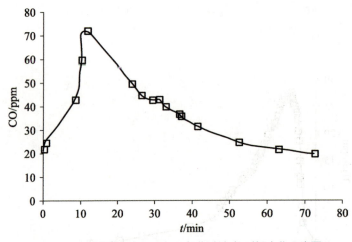

图6-15　左洞掌子面前15 m处一氧化碳浓度-时间变化示意图

对左洞随机抽取的工作日爆破后有毒有害气体进行统计分析后发现：左洞掌子面通风30 min后，隧道内硫化氢浓度可下降到规范规定值以下，符合国家规定的卫生标准，但一氧化碳浓度在通风30 min内并未下降到规范规定值以下。

（2）右洞掌子面通风效果。

监测系统测得的爆破后右洞掌子面前15 m处硫化氢浓度变化如图6-16所示，其中6-16（a）、（b）分别对应两个工作日爆破后掌子面硫化氢浓度随通风时间的变化。

爆破后产生硫化氢的量不同，将其浓度稀释至规范规定值以下所需时间也不同。由图6-16（a）可知，此次爆破后，开启通风设施，通风2.08 min后，掌子面前15 m处硫化氢浓度便达到峰值43.5 ppm，通风27 min以后，硫化氢浓度才降低至规范规定隧道内硫化氢浓度上限值6.6 ppm。由图6-16（b）可知，此次爆破后，开启通风设施，通风10.45 min后，掌子面前15 m处硫化氢浓度便达到峰值28.75 ppm；通风35 min以后，硫化氢浓度才降低至6.5 ppm，小于规定的隧道内硫化氢浓度上限值6.6 ppm。

与左洞掌子面附近硫化氢浓度随通风时间变化趋势相似，右洞掌子面前15 m处硫化氢仍然呈现"快速增大、逐渐减小"的特征，但右洞掌子面附近硫化氢浓度值降低至规范规定上限值以下所需时间更长，甚至超过了规定的30 min通风时间。

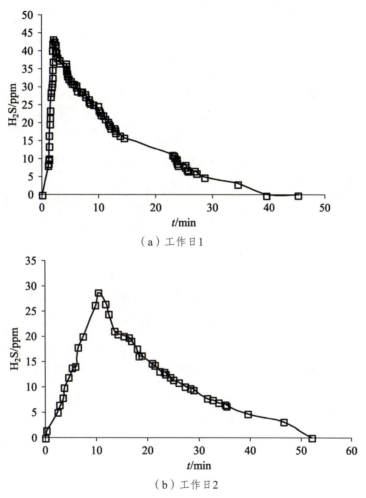

（a）工作日1

（b）工作日2

图6-16　右洞掌子面前15 m处硫化氢浓度-时间变化示意图

监测系统测得的某工作日爆破后右洞掌子面前15 m处一氧化碳浓度变化如图6-17所示。爆破后，开启通风设施，通风7 min后，掌子面前15 m处一氧化碳浓度便达到峰值176 ppm；通风54.3 min以后，一氧化碳浓度降低至22 ppm，小于规定的隧道内一氧化碳浓度上限值24 ppm，右洞一氧化碳浓度变化同样呈现"快速增大，逐渐减小"的特征。

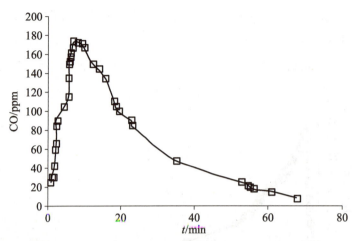

图6-17　右洞掌子面前15 m处一氧化碳浓度-时间变化示意图

对右洞随机抽取的工作日爆破后有毒有害气体进行统计分析后发现：右洞掌子面通风30 min后隧道内硫化氢、一氧化碳浓度并未下降到规范规定值以下，有时甚至达到接近1 h左右，不符合国家规定的卫生标准。

综上所述，左、右洞掌子面前15 m处硫化氢、一氧化碳等有毒有害气体随通风时间的变化均呈现"快速增大，逐渐减小"的特点，但爆破后产生有毒有害气体的量不同，浓度达到峰值以及降低到规范规定上限值所需时间也不同。

同时，从监测结果来看，左、右洞掌子面前均存在降低有毒有害气体浓度至规范规定值以下所需通风时间超过规定的30 min的问题，有时甚至达到接近1 h。若在通风30 min后便进入作业面开始出渣作业等，将严重威胁作业人员的安全。

针对这一问题，应采取有效应对措施，提高有毒有害气体稀释、排出效率。

①从通风方案的角度来讲可适当采取增大管口出风量、调整风管管口至掌子面距离、调整风管射流风机布设位置等方式，在进一步研究的基础上，未来或能实现利用隧道施工的自动反馈控制通风技术，即以掌子面的有毒有害气体浓度指标和温、湿度参数等作为控制对象，采用模糊控制与变频技术控制隧道内布设的轴流风机、射流风机等，实现风速、风量等的自动调节变化，在保证通风效果的基础上达到节约能源的作用。

②从通风组织管理的角度来讲可从加强设备管理减少漏风现象、提高人员规范作业以及爱护设备的意识、严格控制运输车辆数量以及车辆的输运路线等方面提高通风效率。

6.5　自然风及横通道的处理

6.5.1　横通道的管理

在双洞隧道的施工过程中，由于连接左、右洞的车行横通道、人行横通道的贯通，会导致隧道通风过程中风流乱窜，引起风流短路等问题，为了保证隧道施工通风效率，需要及时关闭横通道。

然而，在实际隧道施工过程中，常常出现横通道未关闭或横通道未完全封闭的情况，也会使隧道通风效果大打折扣。隧道中横通道未完全封闭，导致风流在左右洞之间流动，影响通风效果。出现这种情况，必须及时对横通道进行完全封闭，保证横通道内没有风流，才能保证整个隧道内的通风网络不受到影响。

如在米仓山隧道第一工区第二区段通风方案中（图6-18），隧道左、右线配置2台轴流风机，3台射流风机，采用巷道式通风。轴流风机距19#车行横通道30 m，风管出口距掌子面15 m；在左、右线二次衬砌模筑台车前方20 m处各布置1台局扇，19#车行横通道布置1台射流风机。由于风管需要通过19#车行横通道进入隧道左线，为左线掌子面提供新鲜空气，其他贯通的横通道均应封闭，以防止风流短路。

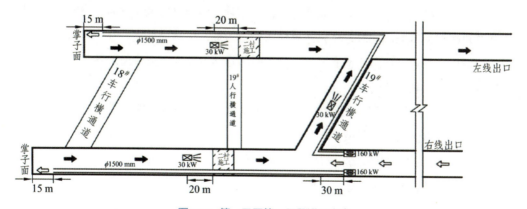

图6-18　第一工区第二区段通风方案

6.5.2　自然风的管理

对于特长公路隧道，若将自然风看作阻力进行通风设计，隧道设计风速通常较大，隧道内需要设置的射流风机和轴流风机数量及功率显著增加；另一方面，位于山岭地区的特长公路隧道，由于各洞口距离较远，洞口附近区域环境具有显著差异，造成各洞口之间自然风压具有显著的压力差，从而在隧道内形成较为明显的自然风流。隧道自然风是由洞外环境因素造成的，其大小和方向会随着洞外环境的变化而变化。洞内自然风对于隧道通风系统的作用也会不断发生变化，其方向可能与机械通风方向相同也可能相反，自然风风速可能大于隧道设计风速也可能小于隧道设计风速。若将自然风统一作为阻力考虑，将会造成大量的能源浪费。而在《公路隧道通风设计细则》（JTG/T D70/2-02—2014）中，明确指出了当确定自然风作用引起的隧道内风速常年与隧道通风方向一致时，宜作为隧道通风动力考虑。因此，合理利用自然风进行通风节能已经成为隧道通风设计的发展趋势。

对特长公路隧道自然风压计算方法、洞内自然风分布及变化规律进行研究最终是为了利用自然风，减少隧道运营期间风机开启数量及功率，从而达到节能的目的。一方面根据隧道洞内自然风风速大小分布确定洞内自然风设计风速，从而在隧道设计阶段对隧道通风力进行计算；另一方面了解隧道内自然风风向变化规律，当其方向与隧道机械通风方向相同时，将其视为隧道通风动力考虑。基于以上两个方面制定隧道内利用自然风节能通风控制技术。

对于特长公路隧道，利用自然风进行通风节能关键在于两点，一是通过气象调查资料计算确定隧道内自然风设计风速大小；二是确定洞内自然风的方向，当洞内自然风方向和机械通风方向相同时，将自然风作为动力考虑，可部分或完全利用自然风进行通风；当洞内自然风方向和机械通风方向相反时将自然风作为阻力考虑。基于以上两点，确定隧道自然风利用策略为：

（1）当隧道内自然风风速大于隧道设计风速且方向与机械通风一致时，可不开启风机完全利用自然风进行通风；

（2）当隧道内自然风方向与机械通风方向相同，但是风速小于设计风速时，部分利用自然风，结合隧道风机进行通风；

（3）当隧道内自然风方向与机械通风方向相反时，则将自然风作为阻力考虑。

对于自然风的利用，可以分时段控制，也可以实时控制。

分时段控制即根据计算得到的自然风的规律，将全年划分成不同的控制时段，每个控制时段按该时段内的最不利的工况进行控制。时段划分得越细，控制越精确，也越节能，但与此同时需要设备频繁开启关闭对设备的影响也越大。

实时控制是根据隧道内实际自然风风速情况，对通风设备实时控制。按照该时刻实际的自然风风速，进行节能通风控制。实时控制与分时段控制相比，更加节能，更能符合实际，但对设备要求也更高。实时控制需要安置风速传感器，并通过风速传感器测得的风速值对通风设备进行控制。通风设备需要具有在不同工况下快速转换的功能。

6.6　隧道施工中的粉尘控制技术

6.6.1　粉尘防治的国内外技术研究

国内外在粉尘防治方面做了大量的工作，从除尘方式到装备手段都有了许多进步。各种类型的自动喷雾装置的广泛使用有效地抑制了粉尘的飞扬，静电除尘、脉冲式注水除尘等新的防尘理念在实践中的应用减少了粉尘的产生，人们安全和健康意识的逐步提高使得实际粉尘的危害大大降低。但是，由于对各种粉尘灾害的致因缺乏深入研究，使得采取的技术措施针对性、可靠性和配套性不强，只治标，难治本，还不能从根本上杜绝施工作业环境粉尘灾害的发生。隧道粉尘的防治技术一直没有大的进步，防治手段上以隧道通风排尘为主，殊不知，仅仅依靠隧道通风方式进行粉尘治理，粉尘在排出洞外的过程中污染了整个隧道，危害了所有进洞施工的作业人员，导致隧道施工职业病的防治形势严峻。

6.6.2　粉尘防治的主要方法

1. 方法分类

按照粉尘防治技术机理的不同，大体可将隧道内粉尘防治技术措施分为减尘、降尘、排尘、除尘和个体防护（阻尘）措施5类。

（1）减尘措施：掌子面洒水；湿式钻孔；湿式喷射混凝土；水封爆破。

（2）降尘措施：运输设备转载点及装载点喷雾洒水；防尘用水中添加湿润剂；喷雾泡沫降尘；喷雾水幕净化风流。

（3）排尘措施：采用通风系统，选择最佳排尘风速；安设横向隔尘帘幕、回风巷风门、机械密封罩等。

（4）除尘措施：包括干式捕尘器、湿式除尘器、过滤式除尘器等。

（5）个体防护：如工人戴防尘口罩、防尘面罩、防尘帽等。

2. 减尘技术

（1）湿式凿岩技术。

湿式凿岩使用的风动凿岩机和风枪等钻孔设备皆配备了注水装备，在空心钻杆钻孔的同时向孔内注水，由此因钻杆摩擦岩体产生的粉尘不再飞扬，而是随着水流流出孔外。施工操作中应做到先通水、再开钻，另外，应控制好高压风的压力，否则高压风吹出的水流也可能产生大量水雾，水雾中的粉尘易引起局部粉尘浓度的大增。

现在的隧道施工中，工作面常常有10台左右的风钻同时施工，湿式钻孔与干式钻孔相比，可以大大减少风钻产生的粉尘浓度。经过检测，当采用干钻时，粉尘浓度高达600 mg/m³以上，远远超过国家标准，同时粉尘的分散度也很高，直径5 μm以下的颗粒占比高达89%以上，岩粉及岩石内的游离二氧化硅含量除石灰岩石外均在10%以上，有时高达70%。采用湿式钻孔，粉尘浓度明显下降，平均浓度一般在38 mg/m³，较干式钻孔时下降十几倍。

（2）水封爆破技术。

水封爆破是用水炮泥堵塞炮眼，放炮后形成水雾的一种爆破方法。水炮泥是用不易燃的塑料薄膜制成的盛水袋子，装满水的水炮泥填于炸药后方，放炮时炸药产生的高温、高压将其破坏，水受热雾化形成微细水雾，起到降尘作用。尘粒产生之初如果先接触空气，则在尘粒表面形成一层气膜而难于被水湿润捕获。这种情况对于粒径小于5 μm的呼吸性粉尘尤其突出，实施水封爆破时，粉尘形成之初先接触到的是水或水汽，使其尚未形成气膜即被水湿润捕获，产尘量大大降低，且粉尘的分散度也得以降低。此外，炮烟中的氮氧化物在高温水蒸气的作用下变成硝酸和亚硝酸，使浓烟大量减少，使现场工人可提前进入工作面作业，提高了工时利用率，从而加快了隧道施工进度。

水封爆破是一种较新的爆破技术，相对于我们最常使用的泥土炮泥爆破方法，在炸药使用效率和降尘方面有很大的优势。

（3）湿喷混凝土减尘技术。

20世纪60年代，针对干喷混凝土的粉尘和回弹问题而产生了湿喷混凝土施工工艺。随着湿喷技术（包括工艺、机具、材料等）的不断发展和完善，湿喷机在20世纪90年代开始得到越来越多的推广应用，在一些西方国家中湿式混凝土喷射机已成为主要的喷射混凝土作业机具，在我国湿式混凝土喷射机也日渐成为大型隧道工程施工的必备工具。

湿喷混凝土施工工艺是预先在搅拌机内将所有材料搅拌均匀，与常规混凝土无异，在喷射口处添加液体速凝剂，利用压缩空气冲击成型。

湿喷混凝土施工时可使工作面附近空气粉尘含量降低至2 mg/m³以下，混凝土回弹可减5%~10%，并能获得较好的施工质量，同时改善了施工环境。经过对近些年铁路客运专线隧道施工中的湿喷混凝土施工的调查发现，湿喷混凝土工艺有效地提高了喷射混凝土的施工质量，降低了混凝土回弹率，改善了施工环境，取得了较好的技术效果和经济效益。

3. 降尘技术

（1）水雾帘幕降尘。

① 降尘水幕的构成。

隧道内的水雾帘幕降尘装置设计应充分利用隧道施工用的高压风和高压水进行，宜采用气动雾化喷嘴，即利用气体介质与液体介质之间的相互挤压、加速或剪切作用将液体雾化，主要包括气体辅助雾化喷嘴、气泡雾化等几种形式。

水雾帘幕设置的位置如图6-19所示。

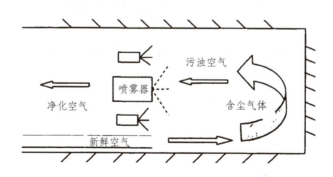

图6-19 水雾帘幕隧道内设置位置示意图

② 水幕降尘的原理。

喷雾洒水过程是水雾与尘粒因凝结而除尘的过程，水雾与尘粒的凝结决定了喷雾

157

洒水的降尘效果。当水雾粒不带电荷且运动速度一定时,水雾粒通过惯性机理、拦截机理、布朗机理的综合作用来降尘。资料表明,不带电荷水雾粒对直径为10 μm以下粉尘捕捉效率较低,对呼吸性粉尘降尘效率很低,而对10 μm以上的粉尘具有较高的除尘效率。非呼吸性粉尘是指粒径大于7.07 μm的粉尘。喷雾之所以对呼吸性粉尘具有较高的捕集效率主要是因为雾粒速度高,雾粒直径小造成的。试验表明,随着水压的提高,雾粒速度显著提高,提高水压是提高水雾电荷值的重要途径,这也是喷雾降尘取得最佳效果的原因所在。在从降尘装置前端喷出的高速雾粒、气流吸入并净化附近空气,受空气阻力逐渐减速失去动能后,还有粉尘混入,其中一部分在降尘装置形成负压作用下,重新吸入降尘装置,受到彻底净化后放入大气;再加之通风形成的雾蔽,把粉尘集中在有限的空间内,从而增大了水粒与粉尘的接触机会,增大了降尘效果。把两者密切地结合起来可达到更好的除尘效果。

③水幕降尘的重点与控制措施。

经对各种参数的分析,水幕系统降尘效果的好坏与工作面液压管路的压力、喷嘴的放置方向、喷雾装置距离工作面的距离以及通风形成雾蔽带的效果等因素有密切的关系。

a. 水压:提高水压,减少出水孔径可增加喷射速度和雾粒的分散度,从而提高降尘效果。

b. 喷嘴的放置方向:水粒与尘粒的相对速度决定着粉尘与水粒的接触效果,水粒速度越高则动能越大,与尘粒接触有利于克服水的表面张力,将粉尘湿润捕捉。为此将喷嘴迎风向下45°方向放置,这样可以加大水与尘粒的相对速度,有利于水雾覆盖断面,达到更好的除尘效果。

c. 喷雾装置与工作面的距离:为了节约用水,减少对工作面生产的影响,同时又能取得更好的除尘效果,就必须把喷雾装置放在适当的位置。离工作面远,除尘效果会下降,不能满足工程防尘的目的,使工作环境恶化;离工作面太近,则必须投入更多的物力人力,不但不经济而且并不一定能够取得更好的除尘效果。经试验研究分析,选择喷雾装置离工作面的距离为30 m左右效果最佳。

④水幕系统的远程控制和自动控制。

隧道内的水雾帘幕降尘系统在粉尘防治方面的作用很大,但是该系统靠近施工作业面,距离洞口远,全靠人工进行就近操作,效率低,有时不能正常发挥作用,因此应采用洞口控制或自动控制系统。

自动化水幕由普通水幕和自动化装置构成，水幕由喷头和管路构成，在全断面均匀布置一个喷头，喷头要求雾化良好，能够封闭全断面。自动化装置由传感器、程控主机、传输线路等组成。

现在的水幕远程自动控制系统主要有光控水幕、声控水幕和触控水幕。

（2）除尘器降尘。

（3）静电吸尘。

静电吸尘是一种利用电场产生的静电力使尘粒从气流中分离的技术，目前已广泛应用于火力发电、冶金、化学和水泥等行业部门的烟气除尘和物料回收。

在带负电的放电极周围的空气电离形成电离区叫作电晕区。电晕区通常局限于放电极周围几毫米处，电晕区以外的空间称为电晕外区。电晕区内的空气电离后，正离子很快向负放电极移动，只有负离子电子才会进入电晕外区，向带正电的集尘板方向移动。含尘空气通过电除尘器时，由于电晕区的范围很小，只有极少量的尘粒在电晕区通过，获得正电荷，沉积在放电极。大多数尘粒在电晕外区通过，获得负电荷，最后沉积在正极板上，这就是正极板称为集尘板的原因。也可以采用正电极作放电极，此时负极板为集尘板，原理与负电极作放电极是完全相同的。

（4）吸尘滚筒降尘。

为解决煤矿中煤尘浓度过高的问题，英国煤炭公司和海德拉刀具公司首先共同设计并研制出了吸尘滚筒。它是目前最新的一种煤尘控制设备。

吸尘滚筒是通过布置在滚筒螺旋叶片内缘的若干个水力吸尘管及装在摇臂上的折流板来降尘的。高压水在吸尘管从喷嘴向采空区方向高速喷出后，由于水射流的紊动扩散和黏滞作用，将滚筒煤帮侧端面及截割区的含尘空气抽吸到吸尘管内，粉尘也随之被水雾捕捉，并通过折流板的脱水分离作用，将尘泥水拦截到输送机上运走。净化后的部分空气返回到截割区。这样，在吸尘管和折流板的作用下形成局部循环环形气流，采煤机截割过程产生的粉尘被消灭在滚筒附近，而不向工作区间扩散。

吸尘管是吸尘滚筒核心部件，它由喷嘴、喉管、扩散管及吸入室等部件组成。抽吸含尘空气原理与液气射流泵的原理较为相似，它是通过各部件的综合作用来实现的。

首先，压力水通过喷嘴高速喷出时，由于射流边界层的紊动扩散及黏滞作用，水射流与空气发生动量交换，使之产生负压而将含尘气体从吸入室及外界卷吸到喉管；其次，水射流到达喉管时，因喉管的断面最小，喉管入口处的气压低于吸入室及外界的气压，促使吸入室内及外界的含尘空气向喉管流动；再则，射流在扩散管运动时，由于扩散断面呈增大趋势，使得动能转换成压能，又增加抽吸和压缩效果。

4. 隧道通风排尘技术

通风是现在隧道施工中降尘的重要措施之一，也是隧道内供氧、排烟、降温、排除有害气体的主要措施。

隧道通风作为一项主要技术，已经在隧道施工中不断得到积累和提高，针对不同隧道工程的不同特点进行隧道通风设计，使之在加快施工进度、节约施工成本等方面发挥作用，仍是值得我们不断深入研究的一个课题。

通过风量和风压选择符合要求的轴流式通风机，一般通风量选取上要大于系统通风量，风压要求大于系统风压以上。风管的选用主要从风管出口处的风速和风量、风管的造价、风管的耐用性、风管装拆的难易程度等方面考虑。在通风机性能确定的前提下，风管出口处的风速和风量主要和风压损失、管道摩阻损失、漏风损失等因素有关，将这些损失降到最低程度，首先保证工作面的风量，再结合造价等因素，风管的选择就随之确定。

5. 个体防护技术

粉尘进入人体的主要途径是呼吸道，施工人员在施工过程中必须佩戴防尘口罩，以阻挡空气中含有的粉尘，使微细颗粒不致进入人体，防尘口罩一般可分为过滤式和隔离式，应根据隧道施工的实际情况合理选用。对于粉尘浓度极高的作业区，则还需佩戴防尘护目镜，防止粉尘损伤角膜并在耳道内放入棉花球耳塞以免产生耳垢栓塞。

近年来，许多个体防护新技术也在不断地应用，主要有以下几种：

（1）新型个体防护用品。

最近几年，一种别开生面的新型防护用品——鼻腔护洁液面市，引起了人们的关注。这种瓶装护洁液主要用于煤矿、矿井和接触粉尘的作业环境中，作业人员只要把瓶子的喷嘴伸进鼻孔，用手按下瓶子上部的喷射按钮，呈雾状的护洁液即喷进鼻腔纤毛的根部，增加鼻腔的湿润度，提高对粉尘的吸附力，从而起到阻留粉尘进入人体深部呼吸道的作用，预防或减少职业尘肺病的发生。

（2）纳米材料。

纳米材料是指微观结构至少在一维方向上受纳米尺度（1~100 μm）调制的各种固体超细材料。纳米材料有4个基本效应，即小尺寸效应、量子尺寸效应、表面与界面效应和宏观量子隧道效应。由于这些效应，纳米材料具有常规材料所没有的特殊性能，如高强度和高韧性、高热膨胀系数、高比热和低熔点、奇特的磁性、极强的吸波性，可以在光电器件、灵敏传感器、隐身技术、催化、信息存储等领域得到广泛的应用。纳米材料的应用，可以增强个体防护装备的耐腐蚀性、吸波性和隐蔽性。

在新型的防护面罩内采用纳米防毒填充剂和添加剂后，可有效过滤空气中的病毒、细菌、粉尘微粒等微生物和吸附有毒气体，目前该新型口罩已研制成功。

该系列口罩采用聚丙烯超细纤维过滤材料。这种材料孔径小，纤维能长期稳定地带有一定的电荷，可大大增强防护性能和效果，有效地过滤掉各类致病病原体，且具有防病毒时间长、呼吸阻力小、重量轻、佩戴舒适、完全贴合脸部、密合好等特点，其高效防病毒、防尘性能符合国际标准。

6.6.3　粉尘防治的综合技术应用

在隧道施工粉尘防治中，应考虑防治技术的综合应用。

首先，应将粉尘的产生量尽量降低。在降尘方面，首先应倡导在地质条件允许的情况下利用水封或水压控制爆破技术，使用该技术可以使因爆破产生的粉尘总量降低。其次，在隧道施工过程中，禁止使用干式钻孔和干喷混凝土，应强制应用湿式凿岩和湿喷混凝土技术，做到这一点，可以将在该工序施工中的产尘量降低。另外，在隧道主要产尘工作面附近根据情况设置水幕除尘装置或干式除尘装置，将大部分的粉尘捕捉，提高除尘效率；尽量在隧道内采取电动施工机械，严格限制内燃机械的尾气排放量，减少机械尾气对隧道内的污染。

采用综合粉尘防治方法，将降低隧道施工粉尘的产生量、提高粉尘在产生作业面附近的降尘效率作为重要的防尘措施，一方面可以有力改善施工作业面的粉尘污染，另一方面可以明显提升经济效益。目前，隧道施工通风在排尘方面具有重要的地位，同时通风费用也异常巨大。由于隧道工程施工作业面的新鲜空气是通过几百米甚至几千米以外的隧道洞口引入，通风阻力大，需要的通风机功率很大，通风机能耗很高。我们知道，通风机的功率与通风量的三次方成正比，如果能把通风量减少一半，功率则可下降，采用了综合的降尘、减尘技术后，将明显提高隧道施工粉尘的降尘效率。经净化后的空气完全可以返回施工作业面循环施用，隧道通风量将仅仅用于满足隧道内供氧和降温，而排尘通风量将相应减少，可节省通风机的功率。因此可以说，如果能在隧道粉尘防治方面做到综合防治，必将把当前隧道施工环境的改善提高到一个新的水平。

◆ 参考文献

[1] 杨立新. 现代隧道施工通风技术[M]. 北京:人民交通出版社，2012.

[2] 交通部重庆公路科学研究所. 公路隧道通风照明设计规范：JTJ 026.1—1999 [S]. 北京：人民交通出版社，2001.

[3] 中交第一公路工程局有限公司. 公路隧道施工技术规范：JTG F60—2009[S]. 北京：人民交通出版社，2009.

[4] 中铁二局集团有限公司. 铁路隧道施工规范：TB 10204—2002[S]. 北京：人民交通出版社，2002.

[5] 煤炭科学研究总院抚顺分院，煤炭科学研究总院重庆分院. 煤矿科技术语 第8部分：煤矿安全：GB/T 15663.8—2008 [S]. 北京：中国标准出版社，2008.

[6] 中钢集团武汉安全环保研究院，中钢集团马鞍山矿山研究院，中国有色工程设计研究总院. 金属非金属矿山安全规程：GB 16423—2006[S]. 北京：中国标准出版社，2006.

[7] 中国疾病预防控制中心职业卫生与中毒控制所，中国疾病预防控制中心环境与健康相关产品安全所，复旦大学公共卫生学院，等. 工业企业设计卫生标准：GBZ 1—2010[S]. 北京：人民卫生出版社，2010.

[8] 中国疾病预防控制中心职业卫生与中毒控制所，复旦大学公共卫生学院，华中科技大学同济公共卫生学院，等. 工作场所有害因素职业接触限值 第一部分：化学有害因素：GBZ 2.1—2007[S]. 北京：人民卫生出版社，2007.

[9] 龚训良. 美国NIOSH建议的职业安全与卫生标准[J]. 国外医学（卫生学分册），1989（5）：302-319.

[10] 杨磊，林宇声，张海谋. 德国工作场所化学物质卫生标准[J]. 工业卫生与职业病，1998（1）：47-56.

[11] 周志俊. 日本职业卫生学会提出2009年至2010版职业接触限值[J]. 环境与职业医学，2009，26（6）：584.

[12] 中国石油化工股份有限公司北京化工研究院. 国际化学品安全卡（中文版）[Z]. 北京：中国石油化工股份有限公司北京化工研究院，2009.

[13] 李永生. 山岭隧道施工通风方式的发展[J]. 隧道建设，2010，30（5）：569-581.

[14] 郝俊锁，陈中方，沈殿臣，等. 瓦斯隧道通风在线监测与动态分析预警[J]. 现代隧道技术，2012，49（4）：32-36+55.

[15] ПИСТОВ AM，ИЕВЛЕВ MB，李桧祥. 公路隧道通风方式的选择[J]. 隧道建设，1985（2）：42-46.

[16] 杨立新. 隧道施工通风中射流风机位置对风量的影响[J]. 铁道工程学报，2004（4）：93 97.

[17] 张建国. 深埋特长隧道通风关键技术研究[D]. 成都：西南交通大学，2011.

[18] 金文良. 秦岭终南山特长公路隧道通风环境参数测试研究[D]. 西安：长安大学，2006.

[19] 李海清，周仁强，田尚志. 大相岭泥巴山特长公路隧道通风方案比选研究[J]. 西南公路，2008（1）：23-26+50.

[20] 胡维撷. 川藏公路二郎山隧道通风技术设计特点[J]. 地下工程与隧道，1996（3）：14-17+32.

[21] 冷先伦. 深埋长隧洞TBM掘进围岩开挖扰动与损伤区研究[D]. 武汉：中国科学院武汉岩土力学研究所，2009.

[22] 高建良，张生华. 压入式局部通风工作面风流分布数值模拟研究[J]. 中国安全科学学报，2004，14（1）：93-96.

[23] 康小兵. 隧道工程瓦斯灾害危险性评价体系研究[D]. 成都：成都理工大学，2009.

[24] 傅鹤林，赵朝阳，等. 隧道安全施工技术手册[M]. 北京：人民交通出版社，2010：88-91.

[25] 高建良，刘金金. 局部通风倾斜巷道掘进工作面瓦斯分布规律[D]. 焦作：河南理工大学，2011.

[26] 罗春红. 长大隧道施工通风系统优化研究与应用[D]. 昆明：昆明理工大学，2009.

[27] 龚超. 长大隧道施工过程中的通风技术[J]. 公路，2014，59（5）：167-170.

[28] 胡光华. 长大公路隧道通风设计中的几个问题[J]. 江西建材，2014（7）：155.

[29] 郭陕云. 论隧道工程的环境问题及其对策[J]. 隧道建设，2014，34（9）：815-822.

[30] 史博伦. 公路隧道通风设计的核心问题研究和探讨[J]. 科技展望，2016，26（8）：38.

[31] 岳磊. 长距离隧道施工通风问题研究[J]. 四川水泥，2018（2）：362，349.

[32] 王平孝. 特长公路隧道施工通风技术[J]. 中国新技术新产品，2012（15）:52-53.

[33] 陈克奎. 特长公路隧道施工通风技术方案设计研究[J]. 黑龙江交通科技，2018，41（4）：157，159.

[34] 幸垚. 高海拔特长公路隧道施工通风关键技术研究[D]. 重庆：重庆交通大学，2018.

[35] 魏新江，李帅，杜世明，等. 超长公路隧道运营通风控制技术与空气质量研究综述[J]. 现代隧道技术，2022，59（S1）：1-12.

[36] 易茜. 高速公路隧道通风计算分析[J]. 西部交通科技，2021（8）：141-143.

[37] 王毅宁，谢静超，薛鹏，等. 公路隧道需风量计算对比分析——基于我国《公路隧道通风设计细则》2014与国外PIARC 2019标准[J]. 隧道建设（中英文），2022，42（S1）：396-403.

[38] 朱春，张旭. 公路隧道通风设计需风量几个问题的研究[J]. 地下空间与工程学报，2009，5（2）：364-367.

[39] 李红卫. 巷道式射流施工通风计算[J]. 西部探矿工程，2009，21（4）：175-177.

[40] 骆驰. 华蓥山特长公路隧道通风竖井设计与施工[J]. 隧道建设，2012，32（3）：355-360，371.

[41] 刘静，雷帅，冉利刚，等. 华蓥山公路隧道运营通风方案优化研究[J]. 隧道建设（中英文），2017，37（S2）：161-168.

[42] 雷帅，方勇，刘静，等. 南大梁高速公路华蓥山隧道施工通风优化研究[J]. 现代隧道技术，2019，56（2）：194-200.

[43] 韩瑀萱，冷希乔，严金秀，等. 米仓山特长隧道竖井施工技术[J]. 现代隧道技术，2019，56（3）：133-138.

[44] 唐协，周仁强，林国进，等. 米仓山隧道营运通风方案研究[C]//中国公路学会隧道工程分会，重庆市交通委员会，重庆高速公路集团公司. 2013年全国公路隧道学术会议论文集. 重庆：重庆大学出版社，2013：114-121.

[45] 蒋云东. 米仓山特长公路隧道通风竖井施工技术[J]. 四川水泥，2018（5）：151，240.

[46] 张睿，周凯歌，姚志刚，等. 米仓山特长公路隧道关键施工技术应用分析[J]. 隧道建设（中英文），2021，41（S2）：664-674.

[47] 聂军委，杨浩亮. 宝鼎2号隧道通风竖井设计与施工技术[J]. 山西建筑，2018，44（15）：197-199.

[48] 范仁玉. 攀枝花至大理高速公路宝鼎二号隧道施工关键技术[D]. 成都：西南交通大学，2019.

[49] 康海波，张乾，万志强，等. 攀大高速公路宝鼎2号隧道施工通风方案研究[J]. 交通节能与环保，2020，16（6）：135-141.

[50] 赵子成. 公路隧道管道压入式施工通风技术研究[D]. 成都：西南交通大学，2013.

[51] 翁国勇. 隧道施工中的压入式管道通风技术[J]. 浙江建筑，2010，27（9）：54-57，65.

[52] 吴波，陈辉浩，黄惟. 铁路隧道压入式通风流场分析及施工参数优化[J]. 科学技术与工程，2021，21（7）：2922-2928.

[53] 方义明，金飞，余平军. 公路隧道穿越瓦斯地段的施工控制技术研究[J]. 西部探矿工程，2020，32（2）：175-177.

[54] 林明才，骆阳. 基于理论与数值计算的隧道施工通风研究[J]. 四川建筑，2022，42（5）：155-158.

[55] 雷锐锋. 压入式隧道通风技术在长大隧道施工中的应用[J]. 山西建筑，2017，43（7）：164-165.

[56] 何川，李祖伟，方勇，等. 公路隧道通风系统的前馈式智能模糊控制[J]. 西南交通大学学报，2005（5）：575-579.

[57] 方勇. 公路隧道前馈式通风控制系统研究[D]. 成都：西南交通大学，2004.

[58] 畅燚. 地铁隧道施工技术及瓦斯隧道通风安全风险控制[J]. 工程机械与维修，2022（6）：168-170.

[59] 刘江，喻兴洪，黄才明，等. 特长高瓦斯公路隧道施工通风技术研究[J]. 公路交通技术，2021，37（2）：101-107.

[60] 王阅章，李鸣，宿成智，等. 公路瓦斯隧道压入式通风数值模拟分析[J]. 中国新技术新产品，2020（19）：120-123.

[61] 陈小军. 公路长大瓦斯隧道施工通风方案的选择[J]. 河南科技，2013（22）：147-148.

[62] 谭蓬勇. 瓦斯公路隧道施工通风技术探讨[J]. 绿色环保建材, 2019（1）: 115, 117.

[63] 王阅章, 李鸣, 宿成智, 等. 瓦斯隧道施工通风技术探讨[J]. 中国科技信息, 2020 （22）: 81-82.

[64] 张文华. 射流巷道通风技术在高速公路长大隧道施工中的应用[J]. 科技与企业, 2014 （2）: 206-207.

[65] 彭佩. 有毒有害气体公路隧道射流巷道式施工通风技术研究[D]. 成都: 西南交通大 学, 2014.

[66] 郎彦涛. 射流巷道通风技术在高速公路长大隧道施工中的运用[J]. 交通世界, 2015 （3）: 135-136.

[67] 田瑞祥. 射流通风PIV实验与数值模拟研究[D]. 阜新: 辽宁工程技术大学, 2017.

[68] 吕向红. 隧道施工中粉尘控制方法研究[J]. 环境科学与管理, 2018, 43（12）: 79-82.

[69] 董文秀. 浅谈隧道施工粉尘来源及防治对策[J]. 建筑安全, 2020, 35（12）: 16-18.

[70] 邓禾苗. 基于关键环境参数评估的隧道施工通风除尘模式研究[D]. 昆明: 昆明理工 大学, 2022.

[71] 赵应华. 长大隧道施工通风消烟除尘新技术[J]. 山西建筑, 2008（11）: 309-310.

[72] 张晨阳. 公路隧道施工通风监控系统方案探析[J]. 山西交通科技, 2022（4）: 123- 126.

[73] 谭信荣, 陈寿根, 马辉. 空气质量测试在长大隧道施工中的应用[J]. 安全与环境学 报, 2012, 12（6）: 103-107.